Die privatrechtlichen Bestimmungen des Friedensvertrages.

Systematische Darstellung für das deutsche Zivilrecht.

Von

Geheimen Justizrat Dr. Adolf Heilberg,
Rechtsanwalt am Oberlandesgericht in Breslau.

Berlin und Leipzig 1919.
Vereinigung wissenschaftlicher Verleger
Walter de Gruyter & Co.
vormals G. J. Göschen'sche Verlagshandlung — J. Guttentag, Verlagsbuchhandlung — Georg Reimer — Karl J. Trübner — Veit & Comp.

Inhalt.

Sechster Abschnitt.

Geistiges Eigentum.

Siebenter Abschnitt.

Enteignung und Anforderung von Leistungen.

Achter Abschnitt.

Vorrede.

Mit rauher Faust hat der fluchwürdige Krieg die internationale Wirtschaft zerstört; sie ruhte auf menschlichem Fleiß und auf dem Recht, welches mehr und mehr international wurde.

Nun, da der Friede naht, muß auch wieder die Grundlage für den neuen wirtschaftlichen und geistigen Verkehr der Völker geschaffen, es muß aber auch an Stelle des zusammengebrochenen Rechts ein neues errichtet oder das alte wiederhergestellt werden und es muß eine rechtliche Vorsorge getroffen werden für die Folgen der während des Krieges erfolgten Rechtsbrüche. Die Lücken, welche die Unsicherheit des Verkehrs während 5 langer Jahre geschaffen hat, müssen ausgefüllt werden.

Alles dies gilt nicht nur für das Völkerrecht und das öffentliche Recht im allgemeinen, sondern auch für das Privatrecht und der Friedensvertrag, der ja nur formell ein Vertrag, sachlich eine Zusammenstellung auferlegter Friedensbedingungen ist, enthält daher auch eine Fülle rein privatrechtlicher Bestimmungen und eine Fülle von Bestimmungen, die an sich öffentlichrechtlicher Natur, doch weitgehende privatrechtliche Folgen nach sich ziehen.

So umfassend die Arbeit ist, die sich in dem Vertrage verkörpert, so schwer zu übersehen ist doch der Inhalt für denjenigen, der nur die privatrechtlichen Folgen des Vertrages erkennen will.

Dies gibt Veranlassung, eine systematische Darstellung des privatrechtlichen Teiles des Vertrages zu geben.

Die vorliegende Arbeit erhebt in dieser Richtung keineswegs den Anspruch, lückenlos zu sein. Sie stellt einen ersten Versuch dar, dem keinerlei Vorarbeiten gegeben waren. Dazu kommt, daß der Vertrag vieler Ausführungsverträge, Ausführungsgesetze und Ausführungsverordnungen bedarf, die bisher erst zum kleinsten Teile vorliegen.

Obendrein trägt der Vertrag notgedrungen eine Schwierigkeit in sich gerade für das Gebiet des Privatrechts. Er will einheitlich, mit denselben Ausdrücken und Bestimmungen die Rechtsverhältnisse von nicht weniger als 24 Rechtsgebieten regeln, die, unbeschadet der Gleichmäßigkeit vieler grundlegender Rechtsbegriffe doch auch in vielen Rechtssätzen, Rechtseinrichtungen und Rechtsausdrücken voneinander abweichen. Eine Zusammenstellung, welche diese Abweichungen einigermaßen erkennen läßt, bietet die von der Handelskammer in Berlin herausgegebene Zusammenstellung der Moratorien in den fremden Staaten.

Eine vollständige Darstellung aller oder auch nur der wichtigsten auswärtigen Rechte ist aber nicht entfernt die Absicht der vorliegenden Arbeit; sie will sich auf den Einfluß des Friedensvertrages auf das deutsche Privatrecht beschränken und insoweit den privatrechtlichen Inhalt des Vertrages übersichtlicher darstellen, als es in dem Vertrage möglich war.

Auch das beigefügte Literatur-Verzeichnis beansprucht nicht entfernt vollständig zu sein.

Noch weniger besteht die Absicht, den Inhalt des Friedensvertrages rechtlich oder politisch zu kritisieren.

Literatur.

Alexander, Zahlungsausgleich mit dem feindlichen Ausland. Bank-Archiv Jahrg. 1914/15, S. 283.

Auswärtiges Amt, Denkschrift über die Ausnahmegesetze gegen deutsche Privatrechte in England, Frankreich, Rußland.

Bernstein, Die Sicherstellung feindlichen Vermögens zu Vergeltungszwecken. Juristische Wochenschrift 1915, 1315.

Curti, Italiens Maßnahmen gegen deutsche Vermögens-Interessen. Bank-Archiv Jahrg. 1917/18, S. 138.

Delius, Ersatz deutscher Auslandsschäden und Regulierung deutscher Auslandsforderungen. Bank-Archiv Jahrg. 1915/16, S. 376.

Fuld, Die Verordnung über Verträge mit feindlichen Staatsangehörigen. Recht 17, 64.

Handelskammer Berlin, Moratorien und andere Sonderregelungen des Zahlungsverkehrs im Auslande. 5. Aufl., 1916.

Jordan, Die Behandlung noch nicht erfüllter privatrechtlicher Verträge zwischen Deutschen und feindlichen Ausländern. Recht und Wirtschaft 16, 232.

Kipp, Über den Schutz der deutschen Forderungen gegen Schulden im feindlichen Ausland. Im 15. Sonderheft des Jahrbuches für Verkehrs-Wissenschaft.

Koch, Handelskrieg und Wirtschafts-Expansion. Jena 1917.

Menner, Verträge mit feindlichen Staatsangehörigen. Leipziger Zeitschrift 17, 371.

Mintz, Die Kriegsgesetze über den gewerblichen Rechtsschutz. Berlin 1917.

Neuberg, Der Krieg und das gewerbliche Urheberrecht. Leipziger Zeitschrift 15, 1078.

Norddeutsche allgemeine Zeitung vom 9. November 1914. Zitiert in Recht und Wirtschaft 14, 304.

Nöldeke, Englische Rechtsprechung. Recht und Wirtschaft 16, 166.

Schaps, Vergeltung. Deutsche Juristenzeitung 17, 175.

Schaps, Ebenda 16, 923.

Scholz, Privateigentum im besetzten und unbesetzten Feindesland. Berlin 1919.

Sebba, Die Behandlung der vor Kriegsausbruch geschlossenen Verträge mit feindlichen Ausländern. Im 14. Sonderheft des Jahrbuches für Verkehrswissenschaft 1917.

Stresemann, Zum Ausgleich der Forderungen und Schulden mit dem feindlichen Ausland. Recht und Wirtschaft 15, 195.

Tetzner, Schutz feindlicher Forderungen an feindliche Ausländer.

Thiesing, Der Schutz der deutschen Auslands-Gläubiger. Juristische Wochenschrift 16, 1438.

Waldecker, Überwachung und Zwangsverwaltung feindlicher Unternehmungen. Recht und Wirtschaft 15, 141.

Wertheimer, Die Behandlung der zwischen Deutschen und feindlichen Ausländern abgeschlossenen Verträge nach Kriegsrecht. Juristische Wochenschrift 17, 125.

Wertheimer, Gewerbliche Schutzrechte als Kampfmittel. Leipziger Zeitschrift 15, 1415.

Wertheimer, Der Schutz deutscher Außenstände im feindlichen Auslande und die Behandlung der durch den Krieg unterbrochenen internationalen Privatverträge. Stuttgart 1916.

Wertheimer, Das Vertragskriegsrecht des In- und Auslandes. Stuttgart 1917.

Wertheimer, Ausschlußfrist und Kriegsnotrecht. Juristische Wochenschrift 18, 80.

Der Wirtschaftskrieg. Die Maßnahmen und Bestimmungen des feindlichen Auslandes zur Bekämpfung des deutschen Handels. Herausgegeben vom Institut für Seeverkehr und Weltwirtschaft in Kiel, Abteilung 1: England, Abteilung 3: Japan, Abteilung 4: Frankreich.

Erster Abschnitt.

§ 1.

Räumliche und zeitliche Geltung des Friedensvertrages.

(Einleitung und Schluß des Vertrages. Art. 303.)

1. Der Friedensvertrag ist geschlossen zwischen Deutschland einerseits und den „alliierten und assoziierten Mächten". Dies sind die folgenden Staaten:

Die Vereinigten Staaten von Amerika, das Britische Reich, Frankreich, Italien, Japan, Belgien, Bolivien, Brasilien, China, Kuba, Ecuador, Griechenland, Guatemala, Haïti, Hedschas, Honduras, Liberia, Nicaragua, Panama, Peru, Polen, Portugal, Rumänien, der serbisch-kroatisch-slowenische Staat, Siam, die Tschecho-Slowakei, Uruguay.

Von diesen Staaten sind Polen und die Tschecho-Slowakei neu gebildet; der serbisch-kroatisch-slowenische Staat umfaßt das frühere Serbien und Montenegro und einen Teil der von Österreich abzutretenden Gebiete.

Unter den alliierten und assoziierten Mächten sind alle diese Staaten zu verstehen; die Vereinigten Staaten von Amerika, das Britische Reich, Frankreich, Italien und Japan haben die besondere Bezeichnung der „alliierten und assoziierten Hauptmächte", les principales puissances alliées et associées.

Deutschland hat den Vertrag geschlossen im Namen des Deutschen Reiches und aller seiner Gliedstaaten sowie jedes einzelnen dieser Staaten.

Soweit der Vertrag nichts anderes bestimmt, bezieht er sich also auf die Gebiete der sämtlichen am Vertragsschluß beteiligten Staaten, und wo von den „hohen vertragschließenden Teilen" die Rede ist, sind darunter alle diese Staaten zu verstehen.

Die neu gebildeten Staaten können durchaus nicht ohne weiteres für die Auslegung des Vertrages als Rechtsnachfolger derjenigen Staaten gelten, aus deren Gebieten die zusammengesetzt sind. Sie stellen neugeschaffene staatsrechtliche Gebilde dar. Die Unmöglichkeit der Annahme einer Rechtsnachfolge ergibt sich schon daraus, daß ihr Staatsgebiet durchweg nicht aus einem einzigen Staate herstammt. Der polnische Staat hat Gebiete von Rußland, Deutschland und voraussichtlich Österreich, der tschechisch-slowakische Staat Gebiete von Deutschland, Österreich, Ungarn, der serbisch-kroatisch-slowenische Staat Gebiete von Serbien, Montenegro, Österreich, Ungarn.

2. Der Vertrag tritt in Kraft, sobald er von Deutschland einerseits und von drei alliierten und assoziierten Hauptmächten andererseits ratifiziert ist. Sobald dies geschehen, wird ein erstes Protokoll über die Niederlegung der Ratifikationsurkunde errichtet.

Mit diesem Zeitpunkt tritt der Vertrag in Kraft zwischen denjenigen vertragschließenden Teilen, welche ihn ratifiziert haben. Wenn also beispielsweise eine alliierte und assoziierte Macht, die nicht zu den Hauptmächten gehört, den Vertrag ratifiziert, bevor er von drei der Hauptmächte ratifiziert ist, tritt er auch für jene Macht noch nicht in Kraft.

Von dem Zeitpunkt der Errichtung des ersten Protokolls an werden alle Fristen berechnet, die im Vertrage vorgesehen sind.

Abgesehen davon tritt der Vertrag für jede Macht in Kraft, sobald sie ihre Ratifikationsurkunde in Paris niedergelegt hat; bei denjenigen Mächten, deren Regierungssitz außerhalb Europas ist, wird die Niederlegung der Ratifikationsurkunde ersetzt durch die Mitteilung an die französische Regierung, daß die Ratifikation erfolgt ist.

Der Regel nach spricht der Vertrag bei Angabe seiner Zeitbestimmungen von dem Inkrafttreten des Vertrages. Zuweilen aber (vgl. z. B. Art. 309) wird die „Unterzeichnung des Vertrages" als der entscheidende Zeitpunkt bezeichnet. Da der Vertrag erst dann in Kraft tritt, wenn er von Deutschland und drei alliierten und assoziierten Hauptmächten unterzeichnet ist, kann dabei nur an eine dem Inkrafttreten des Vertrages folgende Unterzeichnung seitens einer Macht gedacht sein. Denn sonst käme man zu dem Ergebnis, daß der Zeitpunkt der Unterzeichnung eines noch gar nicht in Kraft getretenen Vertrages maßgebend sein solle, und dies kann nicht füglich im Sinne des Vertrages liegen. Bisher ist der Vertrag nur von Deutschland und England ratifiziert. Er ist also noch nicht in Kraft getreten.

3. Der Vertrag gebraucht vielfach die Worte „vor dem Kriege" oder „während des Krieges".

Für diejenigen Abschnitte, die den größten Teil der privatrechtlichen Bestimmungen des Vertrages enthalten (Art. 296—303, 306—311) soll unter dem Ausdruck „während des Krieges" für jede alliierte und assoziierte Macht der Zeitraum zwischen dem Eintritt des Kriegszustandes zwischen dieser Macht und Deutschland und dem Inkrafttreten des Friedensvertrages verstanden werden.

Nun ist aber keineswegs zwischen allen alliierten und assoziierten Staaten einerseits und Deutschland andererseits der Kriegszustand eingetreten; ein Teil dieser Staaten hat sich mit Abbruch der diplomatischen Beziehungen begnügt.

Die maßgebenden Tage ergibt das folgende Verzeichnis:

	Kriegserklärung	Erklärung als im Kriegszustand befindlich	Abbruch der diplomatischen Beziehungen
Vereinigte Staaten von Amerika		6. April 1917	5. Febr. 1917
von England .	4. Aug. 1914		
an Frankreich	3. Aug. 1914		
von Italien	28. Aug. 1916		24. Mai 1915
von Japan	23. Aug. 1914		
Belgien .		4. Aug. 1914	
Bolivien			13. April 1917
Brasilien		26. Okt. 1917	11. April 1917
von China	14. Aug. 1917		14. März 1917
Costa Rica	23. Mai 1918		21. Sept. 1917
von Cuba .	7. April 1917		
Ecuador .			9. Dez. 1917
Griechenland .			30. Juni 1917
Guatemala		30. April 1918	27. April 1917
von Haïti . .	12. Juli 1918		5. Juni 1917
von Honduras	19. Juni 1918		17. Mai 1917
von Liberia	4. Aug. 1917		20. Mai 1917
Montenegro	8. Aug. 1917		
von Nicaragua	8. Mai 1918		21. Mai 1917
Panama		10. April 1917	
Peru .			8. Okt. 1917
an Portugal .	9. März 1916		
an Rumänien	28. Aug. 1916		
Serbien .		6. Aug. 1914	
von Siam .	22. Juli 1917		
Uruguay			7. Okt. 1917

Soweit weder eine Erklärung des Kriegszustandes noch eine Kriegserklärung abgegeben ist, wird man annehmen müssen, daß der Tag des Abbruchs der diplomatischen Beziehungen für diesen Staat als maßgebender Tag anzusehen ist.

Wo von der Beendigung des Kriegszustandes die Rede ist, ist der Tag des Inkrafttretens des Friedensvertrags gemeint.

4. Maßgebend für den Inhalt ist der französische und englische Text. Diese Texte weichen aber an einzelnen Stellen voneinander ab. Im privatrechtlichen Teil des Vertrages finden sich solche Abweichungen in Art. 65, 144, 153 § 22 des Anhangs, 296 § 8 des Anhangs zu Art. 299—303, Art. 309 usw.

Zweiter Abschnitt.

Wechsel der Staatsangehörigkeit (Option).

(Art. 27—158.)

§ 2.

Die abzutretenden Gebiete.

Die Frage nach der Staatsangehörigkeit ist eine staatsrechtliche, nicht eine privatrechtliche. Da aber die privatrechtliche Stellung nach dem Friedensvertrage vielfach von der Staatsangehörigkeit abhängt, muß die Frage im Rahmen der vorliegenden Arbeit behandelt werden.

1. Infolge des Friedensvertrages werden von dem Deutschen Reiche folgende Gebiete abgetrennt, teils unbedingt, teils unter der Bedingung einer entsprechenden Volksabstimmung:

a) zugunsten Belgiens das in Art. 33 bezeichnete Gebiet Preußisch-Moresnet

und

vorbehaltlich einer Volksabstimmung und der Entscheidung des Völkerbundes die Kreise Eupen und Malmedy (Art. 34).

Für Neutral-Moresnet, das bisher umstritten war, wird die Souveränität Belgiens anerkannt (Art. 32),

b) zugunsten von Frankreich Elsaß-Lothringen (Art. 51 ff.),

c) zugunsten des tschecho-slowakischen Staates die in Art. 83 bezeichneten Teile von Preußisch-Schlesien,

d) zugunsten des polnischen Staates unbedingt die in Art. 87 bezeichneten Teile der Provinzen Posen, Westpreußen und Ostpreußen,

vorbehaltlich der Volksabstimmung die in den Art. 94 und 96 bezeichneten Teile der Provinzen Ost- und Westpreußen und der in Art. 88 bezeichnete Teil von Oberschlesien,

e) das Gebiet von Memel (Art. 99),

f) der Freistaat Danzig (Art. 100 ff.),

g) zugunsten von Dänemark und vorbehaltlich der Volksabstimmung die in Art. 109 bezeichneten Teile von Schleswig.

Das Saarbecken (Art. 45 ff.) bleibt Bestandteil des Deutschen Reiches; seine Regierung wird aber einem den Völkerbund vertretenden Ausschuß übertragen (Anlage zu Art. 45 ff., § 16). Vgl. § 6.

§ 3.

Wechsel der Staatsangehörigkeit.

2. Für die Staatsangehörigkeit der bisher deutschen Staatsangehörigen in diesen Gebieten gelten folgende Bestimmungen:

a) In den Gebieten, welche unbedingt und ohne Volksabstimmung auf einen anderen Staat übergehen, mit Ausnahme von Elsaß-Lothringen, werden die dort wohnhaften deutschen Staatsangehörigen von selbst Angehörige desjenigen Staates, auf den das Gebiet übergeht, und sie verlieren gleichzeitig die deutsche Staatsangehörigkeit. Dies gilt insbesondere auch bei der freien Stadt Danzig.

Bei dem Gebiete von Memel haben sich die alliierten und assoziierten Hauptmächte die Bestimmung über die Staatsangehörigkeit vorbehalten und Deutschland sich dieser Bestimmung im voraus unterworfen. Die Staatsangehörigkeit der Bewohner dieses Gebietes schwebt also vorläufig in der Luft.

Der Wechsel der Staatsangehörigkeit erfolgt mit dem Inkrafttreten des Friedensvertrages.

b) In denjenigen Gebieten, in denen eine Volksabstimmung vorbehalten ist (Belgien, Polen, Dänemark), setzt der Völkerbund (Belgien, Art. 34) oder ein im Vertrage vorgesehener Ausschuß (Polen, Art. 87, 95, 97; Dänemark, Art. 111) nach dem Ergebnis der Volksabstimmung die Grenzlinie endgültig fest. In diesen Gebieten erfolgt der Wechsel der Staatsangehörigkeit mit dem endgültigen Übergang der Souveränität auf den neuen Staat.

c) Dabei bedarf es aber ausnahmsweise bei Belgien, Polen, Dänemark einer besonderen Genehmigung der Regierung des Staates, auf den das Gebiet übergeht, für diejenigen Deutschen, die sich erst nach einem bestimmten Zeitpunkte in dem abzutretenden Gebiete niedergelassen haben. Dieser Zeitpunkt ist bestimmt

für Belgien auf den 1. August 1914,
für Polen auf den 1. Januar 1908,
für Dänemark auf den 1. Oktober 1918.

Bei Polen, wo ein vor dem Kriege zurückliegender Zeitpunkt bestimmt ist, ist ausdrücklich hervorgehoben, daß es der besonderen Genehmigung des polnischen Staates auch für die Abkömmlinge derjenigen bedarf, die sich erst nach dem 1. Januar 1908 im abgetretenen

Gebiete niedergelassen haben. Bei Belgien und Dänemark bedurfte es dieser Bestimmung nicht erst.

§ 4.
Option.

Diejenigen, welche hiernach Belgier, Tschechoslowaken, Polen, Danziger, Dänen werden, haben jedoch das Recht der Option, sie können für die deutsche Staatsangehörigkeit optieren. Die Frist für Ausübung des Rechts beträgt 2 Jahre von demjenigen Zeitpunkte an, zu welchem der Wechsel der Staatsangehörigkeit erfolgt. Die Option des Ehemannes wirkt auch für die Ehefrau, die Option der Eltern für die Kinder unter 18 Jahren. Kinder, die das 18. Lebensjahr vollendet haben, haben selbst das Optionsrecht.

Innerhalb Jahresfrist nach Ausübung des Optionsrechts müssen die Optanten ihren Wohnsitz nach Deutschland verlegen; sie können ihr Mobiliarvermögen mitnehmen, ohne Ausgangszoll oder sonstige Abgaben zahlen zu müssen und können ihr Grundeigentum in dem Staate, gegen den sie optiert haben, behalten.

Über die Form der Option werden in den Ausführungsverträgen zum Friedensvertrage weitere Bestimmungen zu erwarten sein.

Die Optionsklausel entspricht den früheren, in ähnlichen Fällen, so besonders bei dem Frankfurter Friedensvertrage vom 10. Mai 1871 und bei der Abtretung der Insel Helgoland von England an Deutschland im Jahre 1890, vereinbarten Klauseln.

Die Option bewirkt den Verlust der mit der Gebietsabtretung erlangten fremden Staatsangehörigkeit und folgerichtig den Wiedererwerb der vor dem Friedensschluß besessenen deutschen Staatsangehörigkeit.

Über die Bedeutung für das Privatrecht vgl. § 9.

§ 5.
Sonderbestimmungen für Elsaß-Lothringen.

Anders als vorstehend angegeben steht es mit Elsaß-Lothringen, dem Saargebiet und Memel (Art. 51 ff. des Vertrages mit Anhang).

Die im Jahre 1871 an Deutschland abgetretenen Gebiete kommen wieder unter französische Souveränität, und zwar mit Wirkung vom 11. November 1918, dem Tage des Waffenstillstandes, an. Von demselben Tage an erlangen die französische Staatsangehörigkeit alle Personen, die in Verfolg des Frankfurter Friedensvertrages vom 10. Mai 1871 die französische Staatsangehörigkeit verloren und seitdem keine andere als die deutsche Staatsangehörigkeit erworben hatten, die ehelichen und unehelichen Abkömmlinge dieser Personen mit Ausnahme derjenigen, zu deren väterlichen Aszendenten ein nach dem 15. Juli 1870 in Elsaß-Lothringen eingewanderter Deutscher gehört, und endlich jede Person, welche in Elsaß-Lothringen von unbekannten Eltern oder Eltern unbekannter Staatsangehörigkeit geboren ist.

Außer diesen Personen können aber innerhalb Jahresfrist nach dem Inkrafttreten des Vertrages noch folgende Personen die französische Staatsangehörigkeit beanspruchen:

a) jede Person, die sie nicht nach vorstehenden Bestimmungen von selbst erlangt hat und zu deren Aszendenten ein Franzose oder eine Französin gehört, welche infolge des Frankfurter Vertrages die französische Staatsangehörigkeit verloren hatte,

b) jeder Fremde, d. h. jeder nicht deutsche Staatsangehörige, der vor dem 3. August 1914 die elsaß-lothringische Landesangehörigkeit erworben hatte,

c) jeder in Elsaß-Lothringen wohnhafte Deutsche, wenn er oder einer seiner Aszendenten vor dem 15. Juli 1870 in Elsaß-Lothringen seinen Wohnsitz gehabt hatte,

d) jeder in Elsaß-Lothringen geborene oder wohnhafte Deutsche, der während des Weltkrieges in einem der Heere der gegen Deutschland verbündeten Staaten gedient hat, und dessen Abkömmlinge,

e) jede vor dem 10. Mai 1871 in Elsaß-Lothringen von Fremden, d. h. also nicht deutschen Eltern geborene Person und deren Abkömmlinge,

f) der Ehegatte oder die Ehegattin aller dieser Personen, ebenso wie derjenigen, welche nach obigen Angaben von selbst die französische Staatsangehörigkeit erlangen.

Alle Deutschen, welche unter vorstehende Bestimmungen fallen, erlangen, wenn sie in Elsaß-Lothringen geboren sind oder wohnen und auch, wenn sie die elsaß-lothringische Landesangehörigkeit haben, vermöge der Übersiedelung nach Frankreich nicht die französische Staatsangehörigkeit; sie können diese Staatsangehörigkeit nur im Wege der Naturalisation erlangen, wenn sie bereits vor dem 3. August 1914, dem Tage der Kriegserklärung Deutschlands an

Frankreich, in Elsaß-Lothringen gewohnt und einen mindestens dreijährigen ununterbrochenen Aufenthalt in Elsaß-Lothringen nach dem 11. November 1918 gehabt haben.

Deutschland darf die danach Franzosen gewordenen Personen niemals und nirgends als deutsche Staatsangehörige beanspruchen und ist andererseits verpflichtet, die übrigen in seinem Gebiete aufzunehmen.

Die Regelung der Interessen der bisherigen Bewohner Elsaß-Lothringens ist im übrigen noch weiteren Verträgen zwischen Frankreich und Deutschland vorbehalten.

§ 6.

Saargebiet.

Das Saarbecken, dessen Grenzen in Art. 48 des Friedensvertrages festgelegt sind, bleibt Bestandteil des Deutschen Reiches; die Regierung wird aber dem Völkerbund als Treuhänder übertragen. Demgemäß behalten die Bewohner des Gebietes ihre bisherige Staatsangehörigkeit; diejenigen, die eine andere Staatsangehörigkeit erwerben wollen, dürfen dies unbehindert tun; der Erwerb einer anderen Staatsangehörigkeit bewirkt aber den Verlust jeder anderen bisherigen Staatsangehörigkeit (Anhang § 27).

Der Regel nach werden also die Bewohner des Gebietes deutsche Staatsangehörige bleiben.

Diejenigen, die auswandern wollen, dürfen ihr Grundeigentum im Saargebiet behalten und ihr Mobiliarvermögen abgabefrei mitnehmen; sie sollen auch jede Möglichkeit haben, ihr Grundeigentum zu angemessenen Preisen zu verkaufen.

15 Jahre nach dem Inkrafttreten des Friedensvertrages findet eine Volksabstimmung darüber statt, ob die durch den Friedensvertrag eingeführte Regierungsform weiter bestehen oder das Gebiet ganz oder teilweise mit Frankreich oder mit Deutschland vereinigt werden soll. Der Völkerbund entscheidet dann unter Berücksichtigung des Ergebnisses der Volksabstimmung über die Souveränität, unter die das Gebiet ganz oder teilweise kommt. Einzelheiten über den dann etwa eintretenden Wechsel der Staatsangehörigkeit sind im Friedensvertrage nicht enthalten, werden also späteren Entscheidungen des Völkerbundes oder späteren Verträgen überlassen bleiben müssen.

Dritter Abschnitt.

Behandlung des feindlichen Vermögens.

(Art. 297 u. 298 und Anhang.)

§ 7.

Grund und Zweck der Bestimmungen.

Die kriegführenden Staaten haben in weitem Maße im Wege der Gesetzgebung oder Verordnung Kriegsmaßnahmen verschiedenster Art gegen das Vermögen des feindlichen Staates und seiner Angehörigen getroffen.

In Deutschland wurde schon durch Verordnung vom 4. September 1914 die Möglichkeit geschaffen, Unternehmungen, die vom feindlichen Ausland aus geleitet oder beaufsichtigt wurden oder deren Erträgnisse ganz oder teilweise in das feindliche Ausland abzuführen waren, unter Aufsicht zu stellen; die Aufsichtspersonen erhielten das Recht, geschäftliche Maßnahmen und Mitteilungen zu untersagen; Gelder oder sonstige Vermögenswerte des Unternehmens durften nicht ohne Genehmigung der Aufsichtsperson in das feindliche Ausland abgeführt werden. Weitere Verordnungen ließen dann die Zwangsverwaltung feindlicher Unternehmungen zu; auch die Auflösung und nachher die Liquidation wurde für zulässig erklärt.

Die Einführung der Anmeldungspflicht für feindliches Vermögen und der Sperre, d. h. des Verbots, ohne Genehmigung der deutschen Behörde feindliches Vermögen zu veräußern oder zu belasten, diente der Sicherung der Wirkung dieser Verordnungen.

Alle diese Anordnungen, ebenso wie die auf gleichem Gebiete liegenden Anordnungen der gegnerischen Staaten stellen bindende Gesetze für die Angehörigen desjenigen Staates dar, der sie erlassen hat und konnten während des Krieges durch Kriegsgewalt gegenüber dem an dem feindlichen Vermögen Berechtigten durchgesetzt werden. Das führte zu Eingriffen in wirtschaftliche Verhältnisse aller Art. Neue Rechte Dritter wurden geschaffen, bestehende Rechte aufgehoben oder verändert.

Sache des Friedensvertrages war es, die so geschaffenen Verhältnisse zu legalisieren oder doch zu ordnen.

Es handelt sich also dabei um die Liquidation des Krieges und der Kriegseingriffe.

Mit dieser Absicht verbunden ist aber bei den das feindliche Eigentum betreffenden Bestimmungen des Vertrages, ähnlich wie bei den Schulden (vgl. § 13), eine zweite Absicht, nämlich die, den alliierten und assoziierten Mächten den Zugriff auf das in ihrer Hand befindliche Vermögen der deutschen Staatsangehörigen zu verschaffen oder zu erhalten und dieses Vermögen zur Deckung der von Deutschland zu zahlenden Kriegsentschädigung zu verwenden.

Diesem doppelten Zwecke dienen die Vorschriften über „biens, droits et intérêts", property, rights and interests.

§ 8.

Terminologie.

1. Die schärfste Form der Kriegsmaßnahmen waren diejenigen, welche in das Eigentum eingriffen, also Enteignung, Verkauf, Liquidation, Nichtigkeitserklärung von verbrieften Ansprüchen oder Wertpapieren. Diese Maßnahmen nennt der Vertrag Übertragungs-Anordnungen, mesures de disposition, measures of transfer.

Geschichtlich und logisch stellen sich auch diese Maßnahmen als außerordentliche Kriegsmaßnahmen dar. Aber der Vertrag versteht unter außerordentlichen Kriegsmaßnahmen, mesures exceptionnelles de guerre, exceptional war measures, nur einen Teil der Kriegsmaßnahmen, nämlich nur diejenigen Maßnahmen gegen feindliches Vermögen, welche dem Eigentümer die Verfügungsbefugnis entziehen, ohne das Eigentum selbst anzutasten, besonders also Überwachung, Zwangsverwaltung, Beschlagnahme, Sperre. Dabei ist Grund, Form und Ort des Vorgehens gleichgültig, gleichgültig auch, ob es sich um gesetzliche, Verwaltungs- oder gerichtliche Verfügungen handelt. Zu diesen außerordentlichen Kriegsmaßnahmen gehören auch die infolge der Gesetze und Verordnungen ergangenen Entscheidungen der Gerichte und Behörden sowie die Maßnahmen, Anordnungen, Verfügungen, Handlungen der eingesetzten Verwalter, Überwachungspersonen usw.

2. Das den Gegenstand der hier in Rede stehenden Bestimmungen des Friedensvertrages bildende feindliche Vermögen wird mit dem Namen „Güter, Rechte und Interessen" zusammengefaßt („biens, droits et intérêts", property, rights and interests). Der Ausdruck ist absichtlich weit gefaßt.

Die Bestimmungen gelten auch für Schulden und Forderungen. Die in § 13 behandelten Vorschriften betreffen nur die dort angegebenen Schulden und Forderungen, sind aber außerdem nur dazu bestimmt, das Verfahren der Tilgung zu regeln. Die Bestimmungen des vorliegenden Abschnitts über die sachliche Behandlung dieser Schulden werden dadurch nicht berührt.

Zu dem feindlichen Vermögen im Sinne dieser Bestimmungen gehören ferner auch die Rechte des gewerblichen, literarischen oder künstlerischen Eigentums.

§ 9.

Der betroffene Personenkreis.

1. Zu den Staatsangehörigen der alliierten und assoziierten Mächte im Sinne dieses Abschnitts gehören auch die Gesellschaften und Vereinigungen, an denen solche Angehörige beteiligt sind. Dieser letzte Ausdruck ist mehrdeutig. Da er aber angewendet wird nur in Fällen, in denen von vorher von Deutschland getroffenen Maßnahmen die Rede war, macht die praktische Anwendung keine Schwierigkeiten. Es handelt sich um Gesellschaften, die Deutschland bei seinen Kriegsmaßnahmen deshalb als feindliche behandelt hatte, weil auch Angehörige einer gegnerischen Macht daran beteiligt waren.[1])

Davon verschieden ist der Begriff der Gesellschaften, die von Angehörigen eines Staates oder von einer andern Gesellschaft kontrolliert werden. Es handelt sich hier um einen im wirtschaftlichen Leben der modernen Völker vielfach gebrauchten Ausdruck, der den namentlich im Aktienwesen bekannten Begriff darstellt.

---

[1]) Die deutsche Verordnung vom 7. Oktober 15, § 6, spricht von „Beteiligungen" an einem Unternehmen.

Wegen der Urheberrechte, die gemeinsam mehreren unter sich feindlichen Gesellschaften zustehen, vgl. § 29.

2. Als deutsche Staatsangehörige im Sinne dieses Abschnitts gelten **nicht** diejenigen deutschen Staatsangehörigen, welche vermöge der Veränderung der deutschen Gebietsgrenzen, der Abtretungen, nach dem Friedensvertrage Angehörige einer alliierten oder assoziierten Macht werden, also namentlich nicht diejenigen, welche Polen, Tschechoslowaken, Belgier und Franzosen werden.

Auch wenn sie nachher für Deutschland optieren, dürfen sie trotzdem ihren Grundbesitz im andern Staat behalten, ihr bewegliches Vermögen zoll- und abgabefrei mitnehmen.

In denjenigen Fällen aber, in denen der Erwerb der fremden Staatsangehörigkeit von der Genehmigung des fremden Staates abhängig ist, gelten die Deutschen, deren Gesuch um Erwerbung der deutschen Staatsangehörigkeit abgelehnt wird, als deutsche Staatsangehörige. Über die Frage, ob diese Personen, wenn sie im Falle der Ablehnung ihres Gesuches nach Deutschland übersiedeln, auch ihren Grundbesitz im andern Staat behalten, ihr bewegliches Vermögen mitnehmen können, sagt der Vertrag nichts. Logischerweise wird diese Frage zu bejahen sein; denn sie sollen doch nicht schlechter gestellt werden, als diejenigen, die für Deutschland optieren.

Da aber Gesellschaften, welche juristische Personen sind, also insbesondere Aktiengesellschaften und Gesellschaften mit beschränkter Haftung des Erwerbes einer Staatsangehörigkeit die begrifflich an physische Personen geknüpft ist, nicht fähig sind, kommt den deutschen Gesellschaften in dem abzutretenden Gebiete diese Ausnahme nicht zugute.

In vollem Umfange finden dann die Bestimmungen dieses Abschnittes Anwendung auf das Vermögen derjenigen deutschen Staatsangehörigen, welche nicht im feindlichen Gebiet wohnen, aber dort Vermögen haben.

Nach dem Wortlaut des Vertrages ist es denkbar, vor Inkrafttreten des Vertrages Vermögen an Angehörige des bisher feindlichen Staates zu übertragen, mit der Verpflichtung, es nachher zurückzuübertragen (Treuhändervertrag). Aber abgesehen von der Möglichkeit, daß die ausländische Gesetzgebung solche Abmachungen nicht für bindend erklärt, läßt sich auch nicht voraussehen, ob und wie weit die ausländische Gesetzgebung demnächst deutsche Staatsangehörige oder Gesellschaften, an denen Deutsche beteiligt sind, im Erwerb von Vermögen im Auslande beschränken wird.

I. Kriegsmaßnahmen.

§ 10.

Die während des Krieges getroffenen Kriegsmaßnahmen. Wirkung und Aufhebung.

1. Die von Deutschland in bezug auf das feindliche Vermögen getroffenen Übertragungsanordnungen und außerordentlichen Kriegsmaßnahmen werden sofort aufgehoben und eingestellt, wenn die Liquidation noch nicht beendet, d. h. also, wenn für die Aufhebung und Einstellung der Maßnahmen überhaupt noch Raum ist. Es ist danach an die noch schwebenden Verfahren gedacht. Das von diesen Maßnahmen betroffene Vermögen ist, soweit es nicht schon anderen Personen übereignet ist, dem Berechtigten auf Anordnung der deutschen Behörde zurückzugeben und in diejenige Lage zu versetzen und in derjenigen Rechtslage zu erhalten, in der sich nach dem vor dem Kriege geltenden Rechte das Eigentum der deutschen Staatsangehörigen befand.

Bis zu dieser Zurückerstattung ist Deutschland für die Erhaltung verantwortlich. § 27 des Ausführungs-Gesetzes zum Friedensvertrage vom 31. August 1919 (Reichsgesetzblatt 1538) ermächtigt die Reichsregierung, zu bestimmen, wann und in welcher Weise die während des Krieges gegen das feindliche Ausland erlassenen Ausnahmevorschriften außer Kraft treten.

Die deutschen Behörden haben auf Verlangen genaue Auskunft über die Geschäftsführung ihrer Verwalter zu geben und die in Deutschland befindlichen Abrechnungen, Rechnungsbeläge, Urkunden usw. den gegnerischen Mächten zu übermitteln, auch Auskünfte zu erteilen. Für diese Rechnungslegungspflicht und für die Richtigkeit der Rechnungen sind auch die Aufsichts- und Überwachungspersonen, Zwangsverwalter, Liquidatoren usw. verantwortlich, und zwar unter Bürgschaft der deutschen Regierung.

Diese Rechnungslegungspflicht erstreckt sich aber nicht nur auf das in Deutschland selbst einer Kriegsmaßnahme unterworfene feindliche Vermögen, sondern auch auf dasjenige feindliche Vermögen, das in dem von Deutschland oder seinen Verbündeten besetzten Gebiet solchen Maßnahmen unterworfen war, freilich auch hier mit der selbstverständlichen und ausdrücklich ausgesprochenen Beschränkung, daß die in Deutschland befindlichen Beläge usw. auszuhändigen sind.

2. Die in Anwendung der Kriegsgesetzgebung endgültig getroffenen Maßnahmen, welche Rechtswirkungen herbeigeführt haben, werden durch den Friedensvertrag nachträglich als gültig sanktioniert; die Wirksamkeit, die sie während des Krieges nur für die Angehörigen desjenigen Staates hatten, der die Kriegsmaßnahme getroffen hatte, wird ihnen also nunmehr auch für die Angehörigen des andern Staates beigelegt. Mit andern Worten: der von der Kriegsmaßnahme des früher feindlichen Staates Betroffene muß jetzt diese Maßnahme gegen sich gelten lassen, kann aber auch Rechte daraus herleiten; das Geschehene wird nachträglich legalisiert.

Alle diese Maßnahmen und ihre Wirkungen gelten auch Dritten gegenüber als endgültig getroffen.

Dies gilt besonders für Eigentumsübertragungen, dann aber auch für die Liquidation von Gesellschaften oder Unternehmungen im allgemeinen, für die einzelnen Verwaltungshandlungen, für die Zwangsverwaltung, für den auf Grund der Kriegsmaßnahme geschehenen Gebrauch der Gegenstände, für Requisitionen, Liquidationen, Einziehung und Bezahlung von Schulden, Bezahlung von Kosten usw., genug für alle auf Grund der Kriegsmaßnahme durchgeführten Verwaltungs- und Liquidationsakte.

Legalisiert werden demgemäß auch diejenigen Anordnungen, Entscheidungen, Anweisungen der Gerichts- und Verwaltungsbehörden der kriegführenden Teile, welche zum Zweck der Vornahme oder in Ausführung aller dieser gegen das feindliche Eigentum gerichteten Akte ergangen sind oder nach der Kriegsgesetzgebung des Einzelstaates als ergangen gelten.

Das Interesse aller beteiligten Personen gilt als gewahrt, gleichviel, ob diese Wahrung ausdrücklich vorgeschrieben war oder nicht. Die getroffenen Anordnungen gelten als ordnungsgemäße.

Die sehr allgemeine Fassung der diesbezüglichen Bestimmung des Vertrages läßt keinen Zweifel, daß in denkbar weitestem Umfange das Geschehene nachträglich als gültig anerkannt werden soll.

Diese Regelung der Dinge ist ja auch die einzig denkbare; der Versuch, alle diese während mehr als 4 Jahren einseitig von einem der kriegführenden Staaten getroffenen Maßnahmen wieder rückgängig zu machen, den früheren Zustand wieder herzustellen, hätte nicht nur zu kaum übersehbaren Verwicklungen geführt, sondern wäre auch so gut wie unausführbar gewesen.

Die jetzt getroffene völkerrechtliche Regelung hat für das Privatrecht außerordentliche Bedeutung; das durch die Kriegsmaßnahmen entzogene Eigentum ist endgültig verloren, neues Eigentum erworben, dingliche Rechte, insbesondere Hypotheken, werden neu bestellt und erloschen sein, zahllose Vertragsverhältnisse aufgelöst oder neu begründet, Geschäfte abgewickelt und neu eingegangen, Dienst- und Anstellungsverträge begründet und geschaffen sein, wie dies alles schließlich die selbstverständliche Folge der Verwaltung eines Unternehmens oder der Liquidation ist.

Was harte, einseitige Kriegsmaßnahme, was Eingriff in das Privateigentum schärfster Art war, wird nachträglich als ordnungsmäßige Geschäftsführung durch Staatsvertrag, der auch für den Einzelnen bindend wird, genehmigt.

3. Dabei gelten aber folgende, überaus erhebliche Ausnahmen; die erste für und gegen die Staatsangehörigen aller Vertragsteile, die anderen zugunsten der Staatsangehörigen der alliierten und assoziierten Mächte und des Eigentums der Deutschland feindlich gewesenen Staaten:

a) Jede Anlage von Barguthaben der Angehörigen eines der vertragschließenden Staaten, die durch die mit der Verwaltung des feindlichen Vermögens oder der Aufsicht darüber betrauten Personen oder auf Anordnung dieser Personen, gleichviel wo, erfolgt ist, wird für ungültig erklärt und das Barguthaben ohne Rücksicht auf diese Anlage geregelt. Als Barguthaben gelten alle vor oder nach der Kriegserklärung angelegten Gelder und alle Guthaben, die aus solchen Anlagen oder aus Einkünften oder Gewinnen stammen, welche die Verwalter oder Aufsichtspersonen für fremde Vermögen oder andere Personen aus angelegtem Geld oder sonst gezogen haben.

Ausgeschlossen sind aber die Guthaben der alliierten oder assoziierten Mächte selbst oder der Einzelstaaten, Provinzen oder Gemeinden dieser alliierten Mächte.

Bedeutung und Umfang dieser Bestimmung ist nicht recht klar. Scheinbar ist im wesentlichen an Guthaben bei Banken, Sparkassen und dergleichen gedacht, an den Fall, daß die Verwalter feindlicher Vermögen den Erlös der Liquidation oder sonstige Einnahmen zu dauernder Anlage festgelegt haben. Die über diese Anlage getroffenen Abmachungen sollen unverbindlich und die Stelle, bei der das Geld angelegt ist, ohne weiteres zur Rückzahlung verpflichtet sein. Auch diese Guthaben werden also dem in § 13 erwähnten Verfahren unterworfen.

Nicht hierher gehören Hypotheken, Wertpapiere usw., die für den Liquidationserlös angeschafft worden sind; sie gelten nicht als Barguthaben.

b) Der gutgläubige Erwerb von Eigentum durch die Staatsangehörigen der alliierten und assoziierten Mächte, der vor dem Inkrafttreten des Vertrages zu angemessenen Preisen erfolgt ist, wird auch gegen die in Anwendung der Kriegsgesetzgebung getroffene Maßnahme geschützt. Maßgebend für die Frage, ob gutgläubiger Erwerb und angemessener Preis vorliegt, ist das Gesetz der belegenen Sache.

c) Von der Legalisierung ausgenommen sind diejenigen Kriegsmaßnahmen, welche Deutschland getroffen hat

1. in den mit Krieg überzogenen oder in den besetzten Gebieten, also besonders in Belgien, Nordfrankreich, Polen, Serbien, Rumänien, Italien;
2. nach dem 11. November 1918, d. h. also nach dem Waffenstillstand.

Alle diese Maßnahmen bleiben ungültig.

Infolge dieser Ausnahmen zu c werden sich für die Abwicklung der Geschäfte in den besetzt gewesenen Gebieten ganz außerordentliche Schwierigkeiten ergeben.

4. Die zu 1 erwähnte Rechnungslegungspflicht Deutschlands gilt auch über die zu 1 erwähnten schwebenden Verfahren hinaus für die zu 2 erwähnten Handlungen.

Eine gleiche Rechnungslegungs- und Auskunftspflicht ist den alliierten und assoziierten Mächten in ihrem Verhältnis zu Deutschland und deutschen Staatsangehörigen nicht auferlegt; trotzdem wird man aber annehmen können und müssen, daß die Legalisierung der von diesen Mächten in Anwendung der Kriegsgesetzgebung vorgenommenen Rechtshandlungen und die daraus folgende Pflicht zur Ausantwortung des nach diesen Rechtshandlungen verbliebenen deutschen Vermögens vorbehaltlich des zu § 11 erwähnten Rechtes der Zurückbehaltung und Liquidation zu dem Ergebnis führen muß, daß eine Rechnungslegung und Auskunft über die Anwendung der Kriegsmaßnahme im einzelnen Falle unausbleiblich ist. Wenn also beispielsweise die englische Regierung oder die von ihr eingesetzten

Verwalter die Londoner Niederlassung der Diskontogesellschaft in Verwaltung genommen oder liquidiert haben, wird die Ausantwortung des Liquidationserlöses, ja selbst die Zurückbehaltung und Verrechnung dieses Erlöses auf die deutsche Kriegsentschädigung nicht füglich ohne Rechnungslegung und Auskunft erfolgen können.

Aber trotzdem besteht ein erheblicher Unterschied zwischen der deutschen Rechnungslegungspflicht und der der alliierten und assoziierten Mächte, wie sich aus dem Folgenden ergibt.

5. Auf der einen Seite ist nämlich Deutschland und seinen Staatsangehörigen, gleichviel, wo sie wohnen, jeder Anspruch wegen einer auf den Kriegsmaßnahmen beruhenden Handlung oder Unterlassung wie überhaupt wegen jeder Handlung oder Unterlassung betreffend deutsches Eigentum, die während des Krieges oder zur Vorbereitung des Krieges erfolgt oder nicht erfolgt sind, versagt. Selbst die schlechteste Art der Verwaltung oder Liquidation gewährt also keinen Anspruch gegen den fremden Staat oder die Verwalter. Die im Protokoll vom 28. Juni 1919 gelegentlich der Unterzeichnung des Vertrages von den Gegnern gegebene Zusicherung, strafbare Handlungen bei der Liquidation deutschen Vermögens zu verfolgen, enthält im Grunde genommen nicht einmal die Zusicherung eines Schadensersatzanspruches.

Auf der andern Seite haben die Angehörigen der alliierten und assoziierten Mächte Anspruch auf Ersatz allen Schadens, der ihnen durch die Kriegsmaßnahmen an ihrem auf deutschem Gebiete befindlichen Eigentum zugefügt worden ist. Als deutsches Gebiet gilt dabei das Gebiet, das am 1. August 1914 deutsch war, also das jetzige Deutschland einschließlich der abgetretenen Gebiete. Über diese Schadensersatzansprüche entscheidet der gemischte Schiedsgerichtshof (vgl. § 35) oder ein von ihm ernannter Schiedsrichter. Die beteiligte alliierte oder assoziierte Macht kann ihren geschädigten Staatsangehörigen den Schaden ersetzen und ihn Deutschland zur Last schreiben.

6. Die allgemeine Regel, daß die Rechtswirkung der tatsächlich in Verfolg der Kriegsmaßnahmen vorgenommenen Rechtsveränderungen bestehen bleibt, erleidet noch eine für das Privatrecht erhebliche Ausnahme zugunsten der Staatsangehörigen derjenigen Staaten, auf deren Gebieten gesetzliche Maßnahmen zwecks Anordnung der allgemeinen Liquidation feindlichen Eigentums vor

der Unterzeichnung des Waffenstillstandes nicht angewendet wurden. Unter diesen Maßnahmen sind solche zu verstehen, die von der gesetzgebenden Gewalt angeordnet wurden und nicht etwa einen einzelnen Fall betrafen, sondern auf alles Eigentum „beziehungsweise" auf jede Art des Eigentums der Staatsangehörigen eines feindlichen Staates zur Anwendung gelangen sollten. Gewissermaßen zur Belohnung für das nicht feindliche Verhalten ihres Staates erhalten die Angehörigen solcher Staaten das Recht, ihr Eigentum, das auf deutschem Gebiete Gegenstand einer Übertragungsanordnung (vgl. § 8[1]) war, in Natur selbst zurückzufordern, falls es noch in Natur vorhanden ist. Dieses Recht bezieht sich nicht nur auf körperliche Sachen, sondern auch auf Rechte und Interessen, also auf Forderungen. Die zurückgegebenen Gegenstände müssen in diejenige Rechtslage versetzt und in ihr erhalten werden, in der sich nach dem vor dem Krieg geltenden Recht deutsches Eigentum befand.

Wird dieses Recht ausgeübt, so hat Deutschland die Pflicht, alle erforderlichen Maßnahmen zu treffen, um dem den Anspruch Erhebenden sein Eigentum wieder zu verschaffen, frei von allen nach der Entziehung darauf gelegten Lasten, und hat jeden Dritten, der dadurch geschädigt ist, zu entschädigen, also sowohl denjenigen, der infolge der Ausführung der deutschen Kriegsmaßnahmen das vorher fremde Eigentum erworben hatte, als auch jeden Dritten, der von diesem das Eigentum oder Rechte darauf erworben hatte. Der Wert des so zurückgewährten Eigentums unter Berücksichtigung der etwaigen Verschlechterung und der in der Zwischenzeit entgangenen Nutzung wird dann auf die zu 5 erwähnte Entschädigung angerechnet und zwar der derzeitige Wert, so daß also Verbesserungen, die etwa in der Zwischenzeit vorgenommen sind, auch bei der Berechnung der Entschädigung zum Vorteil des Deutschen in Anrechnung kommen.

Das Ergebnis ist aber allerdings, daß deutsche Staatsangehörige, die aus der Liquidation fremder Unternehmungen während des Krieges Gegenstände oder Rechte erworben haben, in weitem Umfange mit Enteignung zu rechnen haben werden. Das Gesetz über Enteignungen und Entschädigungen aus Anlaß des Friedensvertrages vom 31. August 1919 (Reichsgesetzblatt 1527) ermächtigt die Reichsregierung zu diesen Enteignungen.

Die Härte der Maßregel wird dadurch gemildert, daß die alliierten und assoziierten Mächte binnen Jahresfrist nach Inkrafttreten des Friedensvertrages die Gegenstände, Rechte und Interessen, die sie in Natura zurückfordern wollen, anzugeben haben.

Ist die Naturalrestitution nicht möglich, so sind Sonderabmachungen über die Entschädigung des fremden Staatsangehörigen durch Zuwendung gleichwertiger Gegenstände oder Rechte vorgesehen; aber dazu bedarf es dann eben stets der besonderen Abmachung.

Eine weitere sehr beachtliche Enteignungsbefugnis erlangt aber die deutsche Regierung ferner vermöge der ihr auferlegten Pflicht, alle Verträge, Urkunden und Eigentumstitel, die sich in den Händen deutscher Staatsangehöriger befinden und sich auf das im Gebiete seiner alliierten und assoziierten Macht befindliche Eigentum beziehen, der gegnerischen Macht zu übermitteln; da dazu nach der ausdrücklichen Bestimmung des Vertrages auch Aktien, Schuldverschreibungen und sonstige Wertpapiere aller durch die Gesetzgebung der andern Macht zugelassenen Gesellschaften gehören, läuft die Bestimmung darauf hinaus, daß Deutschland auch diese Werte, beispielsweise Aktien englischer oder französischer Aktiengesellschaften seinen Staatsangehörigen wegnehmen muß.

Bedingungen und Form dieser Wegnahme regelt das oben erwähnte Gesetz über Enteignungen vom 31. August 1919.

§ 11.

Liquidation deutschen Privateigentums.

Die alliierten und assoziierten Mächte haben nach dem Vertrage sich das Recht vorbehalten, alles Privateigentum („Güter, Rechte und Interessen"), welches zur Zeit des Inkrafttretens des Friedensvertrages deutschen Staatsangehörigen oder von diesen abhängigen Gesellschaften zusteht und sich innerhalb des Gebietes der alliierten und assoziierten Mächte befindet, zurückzubehalten und zu liquidieren.

1. Zu den fremden Gebieten im Sinne dieses Vertrages gehören auch die Kolonien, Besitzungen und Protektorate der alliierten und assoziierten Mächte und die diesen Mächten durch den Friedensvertrag abgetretenen Gebiete. Dahin gehört also auch Elsaß-Lothringen und diejenigen Gebiete, welche im Osten und Südosten auf den neuen polnischen Staat und den tschechoslowakischen Staat, im Westen auf Belgien übergehen. Die an Dänemark abzutretenden Gebiete von Schleswig kommen nicht in Betracht, weil Dänemark nicht zu den alliierten und assoziierten Mächten gehört.

Wohl aber finden die Bestimmungen über die Liquidation Anwendung auf die bisherigen überseeischen Besitzungen, die Kolonien Deutschlands. Denn Deutschland hat zugunsten von Amerika, England, Frankreich, Italien und Japan auf seine Rechte bezüglich dieser Besitzungen verzichtet. Zum Überfluß sind diese Gebiete, ohne Rücksicht auf die ihnen gegebene Regierungsform, als der Liquidation unterworfen erklärt (Art. 121). Dasselbe gilt von China und Siam (Art. 133, 136), Liberia, Marokko, Ägypten (Art. 140, 141, 153).

Gerade die Tatsache, daß die Bestimmungen auf die überseeischen Besitzungen Deutschlands ausdrücklich für anwendbar erklärt worden sind, führt aber andererseits zu dem Schlusse, daß diese Bestimmungen nicht gelten sollen für den Freistaat Danzig und für das Gebiet von Memel. Zwar hat auch bezüglich dieser Gebiete Deutschland zugunsten der oben angeführten 5 Mächte auf alle Rechte und Ansprüche verzichtet; aber es ist von vornherein in Aussicht genommen, daß diese Gebiete den alliierten und assoziierten Mächten nicht zufallen. Danzig ist alsbald zum Freistaat, die dortigen Bewohner zu Staatsangehörigen des Freistaats Danzig vorbehaltlich ihres Optionsrechts erklärt, Bestimmungen wegen der Staatsangehörigkeit der Einwohner von Memel sind vorbehalten. Für diese Gebiete ist also von vornherein eine andere Behandlung vorgesehen, als für die abzutretenden Gebiete einerseits, die Kolonien andererseits.

Auf das Saargebiet finden die Bestimmungen ebensowenig Anwendung; denn das Saargebiet bleibt Bestandteil des Deutschen Reiches.

2. Wie die deutschen Staatsangehörigen werden auch die von diesen abhängigen Gesellschaften, also besonders Aktiengesellschaften, Gesellschaften mit beschränkter Haftung usw. behandelt.

Die Frage, welche Gesellschaft von deutschen Staatsangehörigen „abhängig" ist, wird sich auf Grund der wirtschaftlichen Sachlage leichter beantworten, als juristisch festlegen lassen. Die deutschen Verordnungen, betreffend die Überwachung, Verwaltung oder Liquidation ausländischer Unternehmungen, legen das Gewicht darauf, ob das Unternehmen vom Ausland aus geleitet oder beaufsichtigt wird oder, ob das Kapital ganz oder überwiegend ausländischen Staatsangehörigen zusteht. Ein englisches Urteil [1]) hielt für entscheidend, ob die Vertreter oder Geschäftsleiter im feindlichen Ausland wohnen oder „dem Feinde anhängen“ oder Weisungen von ihm annehmen oder unter seiner Leitung handeln. Frankreich [2]) hielt für entscheidend, ob die Verwaltung oder die Kapitalien direkt oder indirekt unter der Aufsicht oder der Abhängigkeit eines feindlichen Staates oder feindlicher Personen stehen, ob die Mehrzahl der Aktionäre oder sämtliche Gründer Feinde sind.

3. Als deutsche Staatsangehörige gelten aber im Sinne dieser Bestimmungen nicht diejenigen Deutschen, welche in Anwendung des Friedensvertrages die Staatsangehörigkeit einer alliierten oder assoziierten Macht erwerben (vgl. §§ 3—5).

Da eine juristische Person eine Staatsangehörigkeit nicht erwerben kann, kommt die Ausnahme dem Eigentum deutscher Aktiengesellschaften, Gesellschaften mit beschränkter Haftung, Genossenschaften usw. nicht zugute.

Sie kommt ferner nicht zugute denjenigen Personen, welche vermöge des Friedensvertrages die Staatsangehörigkeit eines Staates erwerben, der nicht zu den alliierten oder assoziierten Staaten gehört, also die Staatsangehörigkeit des Freistaates Danzig oder Dänemarks.

Über die Behandlung derjenigen Personen, welche vermöge des Friedensvertrages Franzosen, Polen, Tschechoslowaken werden, dann aber für Deutschland optieren vergleiche oben § 9.

Von der Liquidation und Zurückbehaltung befreit ist endlich das Eigentum derjenigen deutschen Reichsangehörigen, die, ohne Franzosen zu werden, von der französischen Regierung die Erlaubnis erhalten, in Elsaß-Lothringen zu wohnen (Art. 53, Abs. 2).

4. Sachlich umfaßt der Ausdruck „Güter, Rechte und Interessen“ das deutsche Vermögen in weitestem Umfange, bewegliche Sachen, wie Grundstücke, Beteiligungen an Gesellschaften aller Art, Forderungen auf Geld und sonstige Leistungen, auch das geistige

[1]) Der Wirtschaftskrieg. Die Maßnahmen und Bestrebungen des feindlichen Auslandes zur Bekämpfung des deutschen Handels. Herausgegeben vom Institut für Seeverkehr und Weltwirtschaft in Kiel. Erste Abteilung: England. Jena 1917, S. 25. Vgl. auch S. 41, 43, 53, 62, 74 usw.

[2]) Ebenda vierte Abteilung: Frankreich. 1918. S. 148.

Eigentum, also auch Rechte des gewerblichen, literarischen und künstlerischen Eigentums (Anhang § 15 und Art. 306, Abs. 8).

Was in § 13 über die Prüfung und Ausgleichung von Forderungen gesagt ist, bestimmt das Verfahren; der sachlichen Behandlung der deutschen Forderungen im Ausland, also der Befugnis der alliierten und assoziierten Mächte, diese Forderungen zum Gegenstand der Liquidation und Zurückbehaltung zu machen, stehen die dort erörterten Bestimmungen nicht entgegen. Eine Forderung ist dann im Ausland, wenn der Schuldner im Ausland seinen Wohnsitz oder Sitz hat.

Gegenstand dieser Behandlung wird danach zunächst das Eigentum derjenigen Deutschen sein, die bei Ausbruch des Krieges im Gebiet einer der alliierten und assoziierten Mächte wohnten oder sich aufhielten und unter Zurücklassung ihres Vermögens das Ausland verließen. Durch Note vom 25. Juli 1919 hat die deutsche Regierung ersucht, Hausrat, gebrauchte Hauseinrichtungsgegenstände, Familienandenken, Kleidungs- und Wäschestücke, Handwerkszeug, wissenschaftliches Material und ähnliche Sachen mit der Liquidation zu verschonen. Der Erfolg dieser Note bleibt abzuwarten. In der Antwort auf die deutschen Gegenvorschläge zu den ursprünglichen Friedensbedingungen ist das Versprechen enthalten, auf die wissenschaftlichen und pädagogischen Interessen derjenigen Institute, die sich auf derartige Zwecke beschränkt haben, besondere Rücksicht zu nehmen.

Gegenstand der Liquidation kann ferner der gesamte Grundbesitz werden, den Deutsche im Gebiete der alliierten und assoziierten Mächte besitzen.

Hierhin gehören dann ferner die Forderungen an Schuldner, die in dem erwähnten Gebiete wohnen, besonders also die zahlreichen geschäftlichen Forderungen, die vermöge des ausgedehnten internationalen Handels begründet worden sind, dann aber auch die Beteiligungen an fremden Gesellschaften, Aktien und Geschäftsanteile, Patente und sonstige gewerbliche Rechte des geistigen Eigentums, Bankdepositen usw.

Voraussetzung des Rechts der alliierten und assoziierten Mächte ist aber stets, daß das deutsche Eigentum zur Zeit des Inkrafttretens des Vertrages im Gebiet des gegnerischen Staates ist.

Auf deutsches Eigentum, das erst nachher dorthin kommt, ist die Liquidation nicht anwendbar.[1])

Nur für das in Elsaß-Lothringen befindliche deutsche Vermögen kommt es nicht auf die Zeit des Inkrafttretens des Vertrages, sondern auf den 11. November 1918, den Tag des Waffenstillstandes an.[2])

§ 12.

Vorbereitung und Ausführung der Liquidation.

1. Bis zur Durchführung der Liquidation bleibt das deutsche Vermögen im feindlichen Ausland den bereits getroffenen oder noch zu treffenden außerordentlichen Kriegsmaßnahmen (vgl. § 16), also besonders der Überwachung und Zwangsverwaltung, soweit sie eingeführt ist, unterworfen.

Zum Zweck der Ermittelung des deutschen Eigentums, das der Liquidation und Zurückbehaltung unterworfen werden kann, ist Deutschland verpflichtet, auf Verlangen der beteiligten gegnerischen Macht über das Vermögen der deutschen Reichsangehörigen im Gebiete dieser Macht Auskunft zu erteilen, auch über alle geschäftlichen Verfügungen, die seit dem 1. Juli 1914 in bezug auf dieses Vermögen stattgefunden haben.

Die deutsche Gesetzgebung muß zum Zwecke der Erfüllung dieser Verpflichtung, die ihr obliegt, eine weitgehende Anmeldungspflicht ihren eigenen Staatsangehörigen auferlegen, und schon jetzt habe das Ausführungs-Gesetz zum Friedensvertrage vom 31. August 1919 § 28 der Reichsregierung weitgehende Ermächtigungen zu diesem Zwecke erteilt.

Diese Auskunftpflicht setzt ein Verlangen der gegnerischen Macht voraus und wird sich daher naturgemäß immer nur auf bestimmte einzelne Objekte erstrecken können.

Viel erheblicher ist aber die der deutschen Regierung auferlegte Pflicht, binnen 6 Monaten nach Inkrafttreten des Vertrages jeder beteiligten gegnerischen Macht die in den Händen der deutschen Reichsangehörigen befindlichen Urkunden über dieses im Gebiete der andern Macht befindliche Vermögen zu übermitteln. Dabei

---

[1]) Antwort auf die deutschen Gegenvorschläge.

[2]) Art. 74. Der französische Text und mit ihm die deutsche Übersetzung zitieren dabei Art. 53, letzter Absatz. Gemeint ist der erste Absatz. So auch der englische Text.

handelt es sich nicht nur um Verträge, Bescheinigungen, Urkunden und sonstige Eigentumstitel, sondern auch um Aktien, Schuldverschreibungen und sonstige Wertpapiere aller durch die Gesetzgebung der gegnerischen Macht zugelassenen Gesellschaften. Die Bestimmung hat den Zweck, deutsche Staatsangehörige von den Gesellschaften oder Vereinigungen im gegnerischen Ausland, an denen sie beteiligt sind, auszuschließen.

Von Inkrafttreten des Vertrages an darf der deutsche Eigentümer über das im gegnerischen Staat befindliche Eigentum ohne Zustimmung dieses Staates nicht verfügen, noch es belasten. Alle zuwiderlaufenden Verfügungen werden also nichtig sein.

2. Die gegnerische Macht hat nun das Recht, alle diese Eigentumsobjekte „zurückzubehalten und zu liquidieren".

Das Zurückbehaltungsrecht gewährt das Recht, die Ausantwortung des Eigentums so lange zu verweigern, bis Deutschland seinen sämtlichen Verpflichtungen aus dem Friedensvertrage genügt hat. Die Folge dieses Rechts und der oben (zu 1) erwähnten Verfügungsbeschränkung des deutschen Eigentümers ist, daß der dem deutschen Eigentümer Verpflichtete, also beispielsweise sein Schuldner in Frankreich oder die englische Gesellschaft, bei der der Deutsche beteiligt ist, an den Deutschen nicht leisten, auch mit ihm kein Abkommen über das Schuld- oder Beteiligungsverhältnis treffen kann, sofern der gegnerische Staat nicht zustimmt, dies selbst dann, wenn der gegnerische Staat dem Prüfungs- und Ausgleichsverfahren (§ 13) nicht beitritt.

Die Liquidation ist ein Recht, nicht eine Pflicht der alliierten oder assoziierten Macht. Sie wird von diesem Recht begreiflicherweise nur Gebrauch machen, wenn und sobald sie glaubt, davon Vorteile, insbesondere eine Deckung der Ansprüche an Deutschland erlangen zu können.

Die Liquidation erfolgt nach den Gesetzen des beteiligten alliierten oder assoziierten Staates; nach den Grundsätzen dieses Staates wird der Kaufpreis oder der Betrag der Entschädigung festgestellt. Der deutsche Eigentümer ist gegenüber diesem Liquidationsverfahren und seinem Ergebnis der Regel nach wehrlos. Eine Ausnahme besteht nur im Verhältnis zu dem polnischen Staat und den übrigen neugebildeten Staaten, also neben Polen der Tschecho-Slowakei und dem serbisch-kroatisch-slowenischen Staate. Bei Liquidationen, die in diesen Staaten vorgenommen werden, kann der deutsche Eigentümer, der der Meinung ist, daß die Verkaufsbedingungen oder Maßnahmen, die der gegnerische Staat außerhalb seiner allgemeinen Gesetzgebung getroffen hat, den Preis für das liquidierte Eigentum in unbilliger Weise beeinträchtigt haben, die Entscheidung des gemischten Schiedsgerichtshofes anrufen. Es muß sich aber dabei entweder um die Verkaufsbedingungen, die im einzelnen Fall aufgestellt waren, oder um Maßregeln handeln, die nicht auf dem allgemeinen Gesetze des gegnerischen Staates beruhen. Die bloße Schädigung durch die Anwendung der allgemein geltenden Gesetze des liquidierenden Staates gibt also keinen Rechtsbehelf.

Der gemischte Schiedsgerichtshof kann dann selbst oder durch einen von ihm ernannten Schiedsrichter die Sachlage untersuchen und dem Berechtigten eine weitere Entschädigung zubilligen, die dann der gegnerische Staat zu zahlen hat.

Derselbe Rechtsbehelf steht dem deutschen Eigentümer auch dann zu, wenn die Liquidation in einem Staate erfolgt, der an den von Deutschland zu zahlenden Wiedergutmachungen nicht teilnimmt. Welche Staaten dies sind, steht noch nicht fest. Die Wiedergutmachung umfaßt einmal die Schäden, die der Zivilbevölkerung jeder der alliierten und assoziierten Mächte und deren Eigentum während der Zeit, in der sich die beteiligte Macht mit Deutschland im Kriegszustand befand, durch den deutschen Angriff zugefügt worden ist (Art. 232), dann aber auch die weiteren in Anlage I zu Art. 232 des Vertrages bezeichneten Schäden. Solche Schäden sind denkbar auch bei Staatsangehörigen von Staaten, denen gegenüber unmittelbare Kriegshandlungen nicht vorgekommen sind. Der Betrag dieser Schäden wird erst von dem Wiedergutmachungsausschuß festgestellt werden. Immerhin ist sicher, daß die vereinigten Staaten von Amerika, Groß-Britannien, Frankreich, Italien, Japan, Belgien, Portugal, Rumänien an der Wiedergutmachung beteiligt sind. Ihnen gegenüber wird also der erwähnte Rechtsbehelf nicht gegeben sein.

Der der zweiten Ausnahme zugrunde liegende Gedanke ist gerade der, daß nur im Verhältnis zu denjenigen Staaten, die selbst von der Wiedergutmachungssumme nichts erhalten, der deutsche Staatsangehörige die Möglichkeit eines Rechtsmittels haben soll, während bei den übrigen Staaten, für die die Liquidationserlöse einen Beitrag zu der Wiedergutmachungssumme bilden, ein Eingriff der Schiedsgerichtsbarkeit in die staatliche Tätigkeit nicht stattfinden soll.

3. Das Schicksal des Liquidationserlöses ist verschieden, je nach den Staaten, um die es sich handelt.

a) In denjenigen Gebieten Deutschlands, die auf den neuen polnischen Staat übergehen, muß der Erlös unmittelbar von dem polnischen Staate an den Eigentümer, dessen Gut liquidiert worden ist, oder den sonst Berechtigten bezahlt werden (Art. 92 Abs. 4).

b) Nach der Antwort der alliierten und assoziierten Mächte (zu Art. 297/8) sollte die Auszahlung des Liquidarionserlöses bei Polen nicht anders geregelt werden, als bei den andern neugebildeten Mächten und bei denjenigen Mächten, die keinen Anteil an der Wiedergutmachung haben. Tatsächlich ist aber im Vertrage doch eine andere Regelung erfolgt. Während nämlich für Polen die zu a erwähnte besondere Bestimmung getroffen ist, ist für die andern oben erwähnten Staaten bestimmt, der Liquidationserlös sei unmittelbar an die Eigentümer zu zahlen, vorbehaltlich der dem Wiedergutmachungsausschuß nach dem Vertrage, insbesondere nach Art. 235 und 260 zustehenden Rechte.

Dieser Vorbehalt ist teilweise geradezu unverständlich; die Bestimmung selbst, die nachträglich in den Vertrag hineingekommen, ist scheinbar irrtümlich gefaßt. Klar ist die Verweisung auf Art. 260; nach diesem Artikel ist Deutschland verpflichtet, auf Verlangen des Wiedergutmachungsausschusses alle Rechte oder Beteiligungen deutscher Reichsangehöriger an allen öffentlichen Unternehmungen und Konzessionen in Rußland, China, Österreich, Ungarn, Bulgarien, der Türkei, in Besitzungen und zugehörigen Gebieten dieser Staaten oder in Gebieten, die früher Deutschland oder seinen Verbündeten gehört haben und auf Grund des Friedensvertrages abgetreten werden müssen oder unter die Verwaltung eines Mandatars treten, zu erwerben und ebenso wie die eigenen Rechte und Beteiligungen des Deutschen Reichs an diesen Unternehmungen dem Wiedergutmachungsausschuß zu übertragen. Der Ausschuß schreibt den Wert der übertragenen Rechte und Beteiligungen Deutschland auf seine Wiedergutmachungsschuld gut und Deutschland hat seine enteigneten Angehörigen zu entschädigen. Die Bezugnahme auf Art. 260 bedeutet daher, daß im Falle der Liquidation derartiger Rechte oder Beteiligungen der Liquidationserlös nicht an die Berechtigten auszuzahlen ist. Freilich hätte es angesichts des Art. 260 insoweit eines besonderen Vorbehalts nicht bedurft.

Die Verweisung auf Art. 235 aber ist unverständlich. Art. 235 handelt nur von der Verpflichtung Deutschlands, in Anrechnung auf seine Wiedergutmachungsschuld bis 1. April 1921, den Wert von 20 Milliarden Gold zu leisten und von der Verrechnung dieser Summe, hat aber mit dem Privateigentum Einzelner nichts zu tun und gehört obendrein zu dem 8. Teile des Friedensvertrages, dessen Bestimmungen nach der ausdrücklichen Vorschrift des Art. 242 auf die hier behandelten Gegenstände (Eigentum, Rechte und Interessen) sowie deren Liquidation keine Anwendung finden. Die Verweisung auf Art. 235 scheint also irrtümlich zu sein.

c) Abgesehen von den Gebieten im Osten, die an Polen fallen, wird es sich bei der Liquidation meist um Vermögen in den vereinigten Staaten, in England, Frankreich, Italien, Japan, Belgien und Rumänien handeln. Für diese Gebiete, wie überhaupt für alle nicht zu a und b erwähnten Gebiete findet eine Auszahlung des Liquidationserlöses an die Berechtigten nicht statt; vielmehr kann der Erlös der Liquidation ebenso wie der Betrag jedes Barguthabens verwendet werden:

in erster Reihe α) zur Deckung solcher Ansprüche der Staatsangehörigen der beteiligten alliierten oder assoziierten Mächte, die diesen Staatsangehörigen mit Bezug auf ihr in Deutschland befindliches Vermögen oder ihre Forderungen gegen deutsche Reichsangehörige zustehen (vgl. unten § 24);

β) zur Deckung von Ersatzansprüchen, welche auf Handlungen begründet werden, die die deutsche Regierung oder eine deutsche Behörde nach dem 31. Juli 1914 und vor dem Eintritt der beteiligten Macht in den Krieg begangen hat;

in zweiter Reihe zur Deckung der zu α erwähnten, nicht anderweit gedeckten Ersatzansprüche, die Staatsangehörigen der alliierten oder assoziierten Macht mit Bezug auf ihr im Gebiete der andern feindlichen Mächte (Österreich, Ungarn, Bulgarien, Türkei) belegenes Vermögen zustehen.

Hier kann also das deutsche Eigentum selbst zur Deckung von Ansprüchen betreffend die Gebiete der früheren Verbündeten Deutschlands verwendet werden, eine überaus harte Bestimmung.

4. Das Verfahren ist dabei verschieden, je nachdem die beteiligte alliierte und assoziierte Macht dem in § 13 behandelten

Schuldenprüfungs- und Ausgleichungsverfahren beigetreten ist oder nicht.

Ist die Macht dem Verfahren beigetreten, so wird der Liquidationserlös der deutschen Regierung durch Vermittelung seines Prüfungs- und Ausgleichsamts gutgeschrieben. Ein etwa für Deutschland bei der Abrechnung der Prüfungs- und Ausgleichsämter sich ergebender Überschuß wird aber auch, soweit er aus einem solchen Liquidationserlös stammt, nicht an Deutschland ausgezahlt, sondern dem Deutschen Reiche auf seine Wiedergutmachungsschuld gutgeschrieben.

Ist die alliierte und assoziierte Macht dem Prüfungs- und Ausgleichsverfahren nicht beigetreten, so kann sie ebenfalls das Liquidationsergebnis zurückbehalten; aber auch dann wird der Geldwert Deutschland auf seine Wiedergutmachungsschuld gutgeschrieben. Aber auch in diesem Falle finden die in § 15 angeführten Bestimmungen über die Währung, in der die Bezahlung stattfinden soll, über den Umrechnungskurs und die Zinsen Anwendung, es sei denn, daß die gegnerische Macht binnen 6 Monaten nach Inkrafttreten des Friedensvertrages das Gegenteil verlangt.

5. Nach alledem wird, abgesehen von den zu 3 a und b erwähnten Fällen, der deutsche Staatsangehörige, dem sein Eigentum zurückbehalten oder liquidiert wird, kaum darauf rechnen können, daß er unmittelbar den Liquidationserlös erhält. Wohl aber ist Deutschland nach dem Friedensvertrag verpflichtet, seine Staatsangehörigen wegen der Zurückbehaltung oder Liquidation ihres Vermögens zu entschädigen.

Die Bestimmungen über das Verfahren und die Höhe der Entschädigung enthalten §§ 8, 6 und 7 des Gesetzes über Enteignungen und Entschädigungen vom 31. August 1919. Danach erhält derjenige, dessen Gegenstände entzogen oder beeinträchtigt sind, angemessene Entschädigung, für die, vorbehaltlich besonderer Gesetze, die Minister Richtlinien aufstellen. Die Entschädigung wird von der deutschen Enteignungsbehörde oder der sonst vom Minister bezeichneten Stelle festgesetzt. Gegen die Festsetzung der Entschädigung kann binnen 6 Monaten die Entscheidung des Reichswirtschaftsgerichts nachgesucht werden, welches endgültig über Art und Umfang der Entschädigung befindet. Für Rechte Dritter am liquidierten deutschen Privateigentum tritt die Entschädigung an die Stelle des vom Feinde liquidierten Gegenstandes (Einführungs-Gesetz zum

Bürgerlichen Gesetzbuch Art. 52, 53). Sowohl nach der allerdings zunächst nur völkerrechtlich wirksamen Bestimmung des Friedensvertrages, wie nach dem allgemeinen in Deutschland geltenden Rechtssatze, daß jeder, der sein Sonderinteresse auf Grund einer andern als einer allgemeinen gesetzlichen Bestimmung dem Staate opfern muß, Entschädigung erhält, wird der seines Eigentums ledig Gewordene Ersatz seines Schadens in vollem Umfange fordern können und daher wird der Betrag dieses Schadens nicht notwendig zusammenfallen mit dem Betrage des Erlöses, der bei der Liquidation seitens der alliierten oder assoziierten Macht erzielt worden ist. Der Geschädigte wird auch höhere Ansprüche geltend machen können, was um so mehr der Billigkeit entspricht, als ihm ja jede Mitwirkung bei der Liquidation unmöglich gemacht ist.

Vierter Abschnitt.

Schuldverhältnisse zwischen den Angehörigen verschiedener Staaten.

§ 13.

Prüfungs- und Ausgleichungsverfahren. Allgemeines.

Für eine Reihe von Forderungs- und Schuldenverhältnisse zwischen den Angehörigen der bisher feindlichen Staaten schafft der Friedensvertrag ein eigenartiges Prüfungs- und Ausgleichungs- (clearing) Verfahren, welches in die Rechte und Pflichten des Einzelnen scharf eingreift. Der Grundgedanke ist, daß Gläubiger und Schuldner von dem unmittelbaren Verkehr miteinander ausgeschaltet werden, daß die Staaten untereinander das Schuldenverhältnis regeln, der eine Staat das Geld von dem Schuldner einzieht, an den anderen Staat abführt und dieser den Gläubiger befriedigt.

Zur Durchführung des Verfahrens werden besondere Prüfungs- und Ausgleichungsämter in jedem einzelnen Staate geschaffen, die die ordentliche Rechtspflege des Einzelstaates in weitem Umfange außer Tätigkeit setzen.

Diese Bestimmungen des Friedensvertrages sind aber für die gegnerischen Staaten nicht obligatorisch. Es bleibt jedem von ihnen überlassen, binnen Monatsfrist nach der Hinterlegung der Ratifikation des Friedensvertrages Deutschland zu erklären, ob er die Bestimmungen in seinem Verhältnis zu Deutschland zur Anwendung bringen will. Dabei gelten die Kolonien und Protektorate der gegenerischen Mächte, die englischen Dominions und Indien je als selbständig; jede von ihnen kann selbständig die Erklärung abgeben. Für die englischen Dominions und Indien läuft die Monatsfrist von der Mitwirkung für jede von ihnen gemachte Ratifikation.

Erfolgt eine solche Mitteilung nicht, so sind die Bestimmungen im Verhältnis zwischen Deutschland und der Macht, welche die Mitteilung unterläßt, überhaupt unanwendbar.

Andererseits können die gegnerischen Staaten die Ausdehnung der Bestimmungen auf ihre in ihrem Gebiet ansässigen Staatsangehörigen, soweit die Beziehungen zwischen diesen und deutschen Reichsangehörigen in Frage kommen, vereinbaren.

Es ist zu erwarten, daß mindestens ein Teil der gegnerischen Mächte von dieser Befugnis, diese Bestimmungen des Vertrages anwendbar zu machen, Gebrauch machen wird.

Die Bestimmungen können daher für alle deutschen Reichsangehörigen, welche im Ausland Gläubiger oder Schuldner haben, außerordentlich praktisch werden.

Für einen Teil der elsaß-lothringischen Schuldverhältnisse ist das Verfahren schon jetzt durch den Friedensvertrag zwangsweise eingeführt worden. Alle vor dem 11. November 1918, dem Tage des Waffenstillstandes, zwischen dem Deutschen Reiche, den deutschen Staaten oder ihren in Deutschland wohnenden Angehörigen einerseits, den in Elsaß-Lothringen wohnenden Schuldverhältnissen andererseits sind dem Verfahren unterworfen (Art. 72). Dies gilt aber, wie das ganze Verfahren, nur für Geldschulden.

Die Tendenz der Bestimmungen ist die, auf der einen Seite dem gegnerischen Staatsangehörigen-Gläubiger die sichere Einziehung seiner Forderung zu ermöglichen, auf der anderen Seite die Forderungen, welche Deutsche an Ausländer haben, dem Zugriff des gegnerischen Staates zu unterwerfen und ihn auf die Entschädigung durch das Deutsche Reich zu verweisen. Das letztere wird dadurch erreicht, daß dem gegnerischen Staat ein Zurückbehaltungsrecht eingeräumt wird (vgl. unten zu § 15).

Das ganze Verfahren stellt sich aber nur als Liquidation des Krieges dar und betrifft daher im wesentlichen nur Staatsschulden und solche Schulden, deren Erledigung durch den Krieg behindert worden ist.

§ 14.

Die dem Verfahren unterworfenen Forderungen.

A. Welche Forderungen und Schulden fallen unter das Verfahren?

Ganz allgemein zunächst nur Geldschulden; alle anderen Verbindlichkeiten scheiden aus.

1. Dem Verfahren unterstehen zunächst die Zinsen der von einem der vertragschließenden Staaten ausgegebenen „Werte"

(Schuldverschreibungen) und die rückzahlbaren Kapitalbeträge dieser Werte, sofern diese Zinsen oder Kapitalbeträge vor dem Kriege oder während desselben fällig geworden sind und den Staatsangehörigen einer bisher feindlichen Macht geschuldet werden.

Aber beides mit einer Ausnahme, welche die Vorschrift in weitem Umfange unpraktisch macht. Die Vorschrift tritt nämlich nicht ein, wenn die Zahlung der Zinsen oder der Kapitalbeträge an die Staatsangehörigen der in Frage kommenden gegnerischen Macht oder an die Neutralen während des Krieges ausgesetzt worden ist.

Nun hat Deutschland und haben ebenso die gegnerischen Staaten in weitestem Umfange während des Krieges Zahlungen nach dem gegnerischen Ausland verboten und die Ansprüche der im gegnerischen Staat wohnenden Personen für gestundet erklärt (Verordnung vom 30. September 1914, betreffend Zahlungsverbot gegen England [RGBl. S. 421], gegen Frankreich, die französischen Kolonien und auswärtigen Besitzungen vom 20. Oktober 1914 [RGBl. S. 443], gegen Ägypten und französisch Marokko vom 14. Oktober 1915 [S. 673], gegen Portugal vom 14. Mai 1916 [S. 375], gegen Rumänien vom 28. August 1916 [S. 971], gegen Italien, dessen Kolonien und auswärtige Besitzungen vom 7. Juni 1917 [S. 483], gegen die Vereinigten Staaten von Amerika vom 9. August 1917 [S. 708], gegen Siam, Liberia und China vom 12. September 1917 [S. 831], gegen Brasilien vom 10. Januar 1918 [S. 38]). Bei diesen Staatsschulden wird also das Verfahren nicht sehr praktisch werden.

2. Von erheblich größerer praktischer Bedeutung für das Privatrecht ist die zweite Reihe der unter das Verfahren fallenden Forderungen. Es sind dies

a) alle vor dem Kriege fälligen Schulden eines Angehörigen einer der vertragschließenden Mächte, der im Gebiet dieser Macht wohnt, an einen Angehörigen einer gegnerischen Macht, der im Gebiet der letzteren Macht wohnt.

Der Schuldgrund ist dabei gleichgültig. Hier kommen also nicht nur vertragsmäßige Verbindlichkeiten, sondern auch Verbindlichkeiten aus unerlaubten Handlungen, gesetzliche Verbindlichkeiten, vor allem auch Verbindlichkeiten aus Familien- und Erbrecht in Frage.

b) Die erst während des Krieges fällig gewordenen Verbindlichkeiten der Gläubiger, die im Gebiet einer der vertragschließenden

Mächte wohnen und Staatsangehörige dieser Macht sind, wenn die Verbindlichkeit

1. aus Geschäften oder Verträgen mit im Gebiet einer gegnerischen Macht wohnenden Staatsangehörigen dieser Macht herrührt und

2. die Ausführung dieser Geschäfte oder Verträge ganz oder teilweise infolge der Kriegserklärung ausgesetzt worden ist.

Ist eine derartige Schuld bereits vor dem Kriege fällig gewesen, so fällt sie in jedem Falle unter das Verfahren (vgl. oben zu a. Die erst nach Ausbruch des Krieges fällig gewordenen Verbindlichkeiten kommen nur unter den angegebenen Voraussetzungen in Betracht; diese Voraussetzungen werden aber bei den aus dem Geschäftsverkehr herrührenden Verbindlichkeiten meist gegeben sein, da ja der Krieg die Ausführung der Geschäfte meist unmöglich machte und hinausschob. Unter den angegebenen Voraussetzungen unterliegen dem Verfahren auch Ansprüche aus Handelspapieren (§ 21³), Wechseln, Schecks usw. Das Recht und die Rechtsbehelfe des Inhabers gehen auf das Prüfungsamt über.

§ 15.

Terminologie und Verfahren.

Die dem Verfahren unterworfenen Schulden werden „feindliche Schulden", die Schuldner „feindliche Schuldner", die Gläubiger „feindliche Gläubiger" genannt.

Das Prüfungs- und Ausgleichsamt im Lande des Gläubigers heißt Gläubigeramt, dasjenige im Lande des Schuldners Schuldneramt.

1. Sowohl Deutschland wie auch jeder einzelne der Staaten, der die in § 13 erwähnte Erklärung, daß er das Schuldenausgleichsverfahren für sich anwenden will, abgibt, errichtet ein Prüfungs- und Ausgleichsamt (office de verification et de compensation, clearing office) für die Zahlung und Einziehung der feindlichen Schulden. Zulässig ist auch die Errichtung mehrerer Bezirksämter.

Nur noch durch Vermittelung dieser Ämter dürfen Gläubiger und Schuldner in bezug auf die Regelung der Schulden miteinander verkehren. Jeder Staat hat durch seine Gesetzgebung den direkten Verkehr zwischen Gläubiger und Schuldner, die Annahme und Leistung von Zahlungen bei Strafe zu verbieten und jedes auf

Zahlung abzielende gerichtliche Verfahren, vorbehaltlich der unten erwähnten Ausnahme, zu verbieten.

In Deutschland ist dieses Verbot durch das Ausführungsgesetz zum Friedensvertrag vom 31. August 1919 (Reichsgesetzblatt 1531) bereits erfolgt.

Eine Zahlung, die der Schuldner trotzdem leisten würde, tilgt also die Schuld nicht. Die Rückforderung der geleisteten Schuld aus § 817 Bürgerliches Gesetzbuch ist aber ausgeschlossen, weil sowohl der Zahlende wie der Zahlungsempfänger gegen ein gesetzliches Verbot verstoßen haben. Klagen wegen solcher Schulden sind vor den inländischen Gerichten der Regel nach unzulässig. Die etwa bereits schwebenden Verfahren werden unterbrochen oder müssen ausgesetzt werden. Die in dieser Richtung erfolgende Regelung ist von der deutschen Gesetzgebung zu erwarten.

Die einzigen Fälle, in welchen die ordentliche Gerichtsbarkeit eintreten kann, sind die unten zu 2, 3 und 7 angegebenen.

2. Innerhalb 6 Monaten nach Errichtung des Amtes hat der Gläubiger seine Forderung bei dem Gläubigeramte anzumelden und die Beweismittel vorzulegen und anzugeben. Diese Anmeldung unterbricht die Verjährung. Das Gläubigeramt hat die Anmeldung dem Schuldneramt mitzuteilen. Wenn es dies aber unterläßt, beispielsweise weil es annimmt, daß die angemeldete Schuld nicht unter die dem Verfahren unterworfenen falle, so hat es dem Gläubiger eine Bescheinigung darüber auszustellen, und nunmehr kann der Gläubiger seine Forderung vor dem ordentlichen Gerichte geltend machen. In diesem Falle ist also der Rechtsweg frei, und dafür wird die Landesgesetzgebung Sorge tragen müssen. So deutsches Ausführungsgesetz zum Friedensvertrage § 1 Abs. 2. Freilich ergibt sich dabei die auffallende Folge, daß die einseitige unanfechtbare Meinung des Gläubigeramtes darüber entscheidet, ob eine Forderung dem Ausgleichsverfahren unterworfen oder der freien Verfügung des Gläubigers überlassen und dem Rechtswege freigegeben ist. Das Ergebnis ist um so auffallender, als es dazu führt, daß beispielsweise die Entscheidung des deutschen Gläubigeramtes maßgebend ist für die Frage, ob der Gläubiger seine Forderung im Ausland einklagen kann. Von der Möglichkeit, die Entscheidung des Gläubigeramtes bei dieser Frage anzufechten, ist im Friedensvertrag keine Rede.

Der Regel nach wird das Gläubigeramt dem Schuldneramt die Anmeldung mitteilen, und bei diesem wird der Regel nach die Sache weiter behandelt.

Die Zusammensetzung der Ämter und die Regelung des weiteren Verfahrens ist dem einzelnen Staate überlassen. Nur haben die vertragschließenden Staaten vereinbart, daß auf der einen Seite dem Gläubiger und dem Schuldner zum Zwecke der gütlichen Verständigung der Post- und Telegraphenverkehr durch Vermittelung der Ämter möglichst erleichtert werden, auf der andern Seite Maßnahmen zur Verfolgung und Bestrafung von Kollusionen, betrüglichem Einverständnis zwischen Gläubiger und Schuldner getroffen werden sollen. (Vgl. Ausführungs-Gesetz zum Friedensvertrage § 2 Abs. 2.)

3. Das Schuldneramt hat dann die Erklärung des Schuldners einzuholen. Erkennt der Schuldner die Forderung nicht oder nicht ganz an, so prüfen die beiden Ämter gemeinsam die Angelegenheit und suchen eine gütliche Einigung der Parteien herzustellen. Gelangen die Ämter nicht zu einer Einigung untereinander oder will der Gläubiger oder der Schuldner die übereinstimmende Meinung der Ämter nicht gelten lassen, so erfolgt gerichtliche Entscheidung, und zwar in erster Reihe durch ein Schiedsgericht, wenn Gläubiger und Schuldner sich darüber einigen und nach Maßgabe dieser Einigung, in zweiter Reihe, also wenn eine solche Einigung nicht erfolgt und das Gläubigeramt dies verlangt, durch die ordentlichen Gerichte am Wohnort des Schuldners, in dritter Reihe, also wenn auch dieses Verlangen nicht gestellt wird, durch den gemischten Schiedsgerichtshof, dessen Einrichtung der Friedensvertrag Art. 304 vorsieht (vgl. § 35).

Dabei läßt es die Fassung des Vertrages zweifelhaft, ob das Gläubigeramt auch die Einigung der Parteien auf ein Schiedsgericht dadurch ausschließen kann, daß es die Verweisung der Sache vor die ordentlichen Gerichte am Wohnsitz des Schuldners verlangt.

4. Jede Regierung bestellt für den gemischten Schiedsgerichtshof einen Staatsvertreter, der die Interessen seiner Regierung vor dem Schiedsgerichtshof wahrnimmt. Denn da die Entscheidung des Schiedsgerichtshofes nicht nur im Verhältnis zwischen dem unsprünglichen Gläubiger und dem ursprünglichen Schuldner, sondern für die Frage, ob das Schuldverhältnis besteht, in gewissem Umfange auch im Verhältnis zwischen den beiderseitigen Staaten wirksam ist,

haben die Staaten erhebliches Interesse an dem Gange und dem Inhalte des Verfahrens. Der Staatsvertreter hat nicht nur das Verfahren für das Amt seines Landes bei dem Schiedshof einzuleiten und die allgemeine Aufsicht über die Vertreter und Anwälte der Staatsangehörigen seines Landes zu führen, sondern er kann auch die Partei seines Landes unterstützen, auch mit ihrer Zustimmung als Parteivertreter auftreten, und hat sogar das Recht, darüber hinaus, wenn die Partei den Anspruch aufgeben will, ihn aufzunehmen und aufrecht zu erhalten.

5. Das Verfahren des Schiedshofes ist schriftlich; die Ämter liefern ihm alles in ihrem Besitz befindliche Material für den Anspruch. Der Gerichtshof kann aber auch die Parteien oder ihre Vertreter hören. Die Vertreter der Parteien bedürfen, wenn es sich nicht um den Staatsvertreter handelt, der Zulassung durch die beiden beteiligten Regierungen.

Die Entscheidung des Schiedshofes ist endgültig und für die Staatsregierungen verbindlich. Auch dies muß nach dem Vertrage durch die vertragschließenden Regierungen im Wege der Landesgesetzgebung bestimmt werden.

6. Als Gerichtskosten erhebt der Schiedshof 5 % der Streitsumme, die dem verlierenden Teil zur Last fallen, wenn der Gerichtshof nichts anderes bestimmt; vom Ermessen des Gerichtes hängt es auch ab, ob und wieweit die außergerichtlichen Kosten der Partei erstattungsfähig sind.

Neben diesen 5 % hat aber diejenige Partei, die gegen die übereinstimmende Entscheidung der beiden Ämter den Schiedsgerichtshof anruft, eine Sicherheit zu leisten. Wofür und in welcher Höhe, darüber sagt der Vertrag nichts, wie denn überhaupt die diesbezüglichen Bestimmungen des Vertrages recht unklar sind. Die Sicherheit soll nur zurückgezahlt werden, wenn die erste Entscheidung, das heißt die Entscheidung der Ämter zugunsten der Partei, die die Entscheidung des Schiedsgerichtshofes angerufen hat, abgeändert wird und nur in dem Verhältnis, in dem die Partei Erfolg hat, und alsdann soll der Gegner im gleichen Verhältnis zur Tragung der Kosten und Auslagen verurteilt werden. Wenn aber die Sicherheit durch Bürgschaft ersetzt ist, so fehlt vollends jeder Anhalt für die Entscheidung der Frage, zu welcher Summe der Bürge herangezogen werden kann. Daß dies die oben erwähnten

5 % sein sollen, ist nicht anzunehmen; denn diese werden ausdrücklich als von der Sicherheitsleistung unabhängig bezeichnet.

7. Auch im Laufe des Verfahrens vor den Ämtern kann der Fall eintreten, daß die Ämter zu der übereinstimmenden Entscheidung dahin gelangen, daß der geltend gemachte Anspruch nicht zu denjenigen gehört, welche dem vorliegenden Verfahren überhaupt unterworfen sind. Ebenso kann die Entscheidung des gemischten Schiedsgerichtshofes dahin lauten. Endlich kann das Amt eine zur Durchführung des Anspruches erforderliche Handlung ablehnen. In diesem Falle kann der Gläubiger seine Forderung vor den ordentlichen Gerichten geltend machen. Auch diese Entscheidung ist also nunmehr bindend für den Staat des Gläubigers wie des Schuldners.

8. Die beiderseitigen Ämter führen nun Rechnungen, Konten, in denen die Gutschriften und Lastschriften zu Gunsten und zu Lasten erfolgen.

Die Eintragungen erfolgen

a) auf Grund ausdrücklicher Anerkenntnisse, mögen dieselben alsbald oder auf Grund eines Vergleichs abgegeben sein.

b) Auf Grund Fristablaufes.

Wenn nämlich das Schuldneramt nicht binnen 3 Monaten seit Empfang der Forderungsanmeldung anzeigt, daß die Schuld nicht anerkannt wird, so gilt die Schuld als anerkannt. Fristverlängerung ist zulässig, bedarf aber der Bewilligung des Gläubigeramtes.

c) Auf Grund einer gerichtlichen Entscheidung einer der oben zu 3 genannten Gerichtsstellen.

Nun enthält der Vertrag keine Vorschrift über Fristen, innerhalb deren gegen die übereinstimmende Entscheidung der Ämter, daß eine Forderung bestehe oder nicht bestehe und zu dem dem Ausgleichsverfahren unterliegenden gehöre, der zulässige Behelf eingelegt werden kann. Daraus und aus der Tatsache, daß die übereinstimmende Entscheidung der Ämter noch keine Grundlage für eine Gut- und Lastschrift ist, ergibt sich, daß eine solche Entscheidung praktisch zunächst bedeutungslos ist.

Die Lücke wird der Ausfüllung durch Ausführungsverträge bedürfen; denn sonst wird gegenüber einem hartnäckigen Schuldner dem Gläubiger nichts übrig bleiben, als auch bei einer ihm günstigen übereinstimmenden Entscheidung der Ämter den Schiedsgerichtshof anzurufen, um eine Gutschrift zu erlangen, und der Schiedsgerichtshof wird mit übermäßiger Arbeit belastet werden.

Freilich soll derjenige, der unbegründeten Anspruch erhebt oder begründete Ansprüche bestreitet, Strafzinsen zahlen, die dem gegnerischen Amte zugute kommen. Aber diese Bestimmung wird schwerlich ausreichen, um hartnäckige Schuldner zu bekehren.

Eine ganz allgemeine und überaus erhebliche Ausnahme erleidet aber die Vorschrift, daß anerkannte oder zuerkannte Schulden gutzuschreiben sind. Hat nämlich der Schuldner Kriegsschäden erlitten, so wird die Schuld dem Gläubigeramt erst gutgeschrieben, nachdem dem Schuldner die ihm für diese Schäden etwa zustehende Entschädigung gezahlt worden ist.

Die Bestimmung wird bei dem großen Umfange, in welchem auch deutsche Schuldner in Ostpreußen, Elsaß-Lothringen, aber auch an dem im gegnerischen Ausland befindlichen Eigentum Kriegsschäden erlitten haben, auch für Deutschland außerordentlich erheblich sein.

Aber sie teilt das Schicksal vieler anderer Bestimmungen des Friedensvertrages, sie bedarf des Ausbaues und der Ergänzung durch Nachtragsverträge. So wie die Bestimmung jetzt lautet, läßt sie zu, daß der kleinste Kriegsschaden, den der Schuldner erlitten hat, die Gutschrift einer auch noch so großen Schuld vorläufig ausschließt. (Der in der deutschen Übersetzung des Friedensvertrages gebrauchte Ausdruck „die betreffende Summe" findet im französischen und englischen Texte keinen Anhalt.)

Die Ämter rechnen allmonatlich miteinander ab und stellen den Saldo fest, der zugunsten des einen oder des anderen Staates bleibt.

9. Grundsätzlich haftet nun jeder Staat für die Bezahlung der dem Vertrag unterworfenen Schulden seiner Staatsangehörigen.

Damit erlangt aber nicht etwa der Gläubiger einen neuen Schuldner in der Person des Schuldnerstaates, sondern die Verantwortung, die Haftung des Staates, dessen Angehöriger der Schuldner ist, ist eine rein völkerrechtliche gegenüber dem Staate, dessen Angehöriger der Gläubiger ist, und sie findet ihre Verwirklichung in der Pflicht des Gläubigeramtes, den Saldo, in dem die anerkannten Schulden des Angehörigen des Schuldnerstaates stecken, an das Gläubigeramt zu zahlen. Im privatrechtlichen

Sinne bleibt die Person des Gläubigers und des Schuldners unberührt.

Das Gläubigeramt soll dann dem einzelnen Gläubiger die anerkannte oder zuerkannte und demgemäß dem Gläubigeramt gutgeschriebene Summe auszahlen, und zwar aus den dem Amt zur Verfügung gestellten Mitteln des Staates, dessen Angehöriger der Gläubiger ist. Die Bedingungen für diese Auszahlung, insbesondere die Bestimmung, welcher Betrag für Kosten, Provision und „Risiko" zurückbehalten wird, bleibt der einzelstaatlichen Regelung überlassen.

Auch hier kann nicht angenommen werden, daß der Gläubiger in der Person seines Staates einen neuen Schuldner erhält, und noch weniger, daß er nunmehr etwa einen zivilrechtlichen Anspruch gegen seinen Staat auf Zahlung hat, es sei denn, daß die einzelstaatliche Gesetzgebung etwa anderes bestimmt. Nach dem Friedensvertrag liegt lediglich eine völkerrechtliche Erklärung des einen Staates gegenüber dem anderen vor; im Verhältnis zu seinem Staatsangehörigen, der Gläubiger ist, hat der Gläubigerstaat in Ausübung seines Hoheitsrechtes gehandelt und handelt weiter in Ausübung seines Rechtes, dem die staatsrechtliche Pflicht entspricht, wenn er die Auszahlung an den Gläubiger leistet.

Trotzdem berühren die Bestimmungen des Vertrages das privatrechtliche Schuldverhältnis in empfindlicher Weise. Denn das Schuldneramt erhält die Vollmacht, von dem Schuldner die Schuld einzuziehen, und da der unmittelbare Verkehr des Schuldners mit dem Gläubiger, die Annahme und Leistung von Zahlungen verboten ist, hängt die Tilgung der Schuld im wesentlichen von den Maßnahmen des Schuldneramtes ab; eine Zahlung an das Schuldneramt tilgt die Schuld.

Es wird Sache der Gesetzgebung des Einzelstaates sein, die Bedingungen und Formen zu regeln, unter denen der Schuldnerstaat die Schuld von dem Einzelschuldner beitreibt.

10. Der allgemeine Grundsatz, daß jeder Staat für die Bezahlung der dem Ausgleichsverfahren unterliegenden Schulden seiner Staatsangehörigen haftet, erleidet aber erhebliche Ausnahmen. Zwar sagt der Friedensvertrag einmal, daß die den Staatsangehörigen der einen Macht von den Staatsangehörigen einer gegnerischen Macht geschuldete Summe dem Schuldneramt zur Last geschrieben und dem Gläubiger durch das Gläubigeramt ausgezahlt wird, und an einer andern Stelle, daß das Gläubigeramt die ihm

gutgeschriebene Summe dem einzelnen Gläubiger auszahlt. Aber an anderer Stelle wird dieser Satz erheblich eingeschränkt.

a) Zunächst werden, wie schon oben (zu 8) angegeben, die Schulden solcher Schuldner, welche Kriegsschäden erlitten haben, dem Gläubigeramt erst gutgeschrieben, nachdem dem Schuldner eine etwa zustehende Kriegsentschädigung gezahlt worden ist.

b) Sodann ist die Haftung des Schuldnerstaates im allgemeinen ausgeschlossen für Schulden von Einwohnern seiner vom Feinde vor dem Waffenstillstande mit Krieg überzogenen oder besetzten Gebiete. Diese Schulden werden also zwar dem Schuldneramt zur Last geschrieben, werden also auch in dem Saldo der monatlichen Abrechnung enthalten sein, ihr Betrag ist aber von dem Schuldnerstaat nicht zu bezahlen.

Die Bestimmung wird praktisch erheblich für Schulden von Einwohnern Belgiens, Frankreichs, Polens, Serbiens, Rumäniens. Freilich würde angesichts des Zurückbehaltungsrechtes, das den früher mit Deutschland im Krieg befindlichen Mächten gewährt ist, auf baldige Bezahlung dieser Beträge doch nicht zu rechnen sein.

c) Die Haftung des Schuldnerstaates tritt ferner nicht ein, wenn nach der Gesetzgebung des Landes des Schuldners die Schuld im Zeitpunkt der Kriegserklärung verjährt war. Also auch wenn der Schuldner die Schuld in dem Verfahren vor den Ausgleichungsämtern anerkannt hat, ohne den Einwand der Verjährung vorzubringen, oder wenn er im gerichtlichen oder schiedsgerichtlichen Verfahren verurteilt ist, sei es, weil er den Einwand nicht vorbrachte, sei es, weil dieser Einwand verworfen wurde, hat der Schuldnerstaat doch das Recht, Verjährung einzuwenden.

Diese Art der Regelung ist auffallend. Allerdings schützt ja die Regelung des Verfahrens vor den Ämtern die Staaten nicht vor Kollusion der Parteien, und da ein Vertreter der Staaten nur im Verfahren vor dem Schiedsgerichtshof, nicht im Verfahren vor den Ämtern beteiligt ist, scheint es nahe zu liegen, dem Schuldnerstaat ein selbständiges Recht zu Einwendungen gegen die Schuld zu geben; aber die Beschränkung dieses Rechtes auf die Einrede der Verjährung macht den Eindruck der Willkürlichkeit, um so mehr, als die Einrede erst im Anhang zu Art. 296 aufgenommen ist, während sie in diesem Artikel selbst noch nicht steht.

d) Gutgeschrieben werden die Schulden dem Schuldneramt ohne Rücksicht auf die Einbringlichkeit der Schuld. Nach der

Fassung des Vertrages (Anhang § 4) könnte es scheinen, als sei Voraussetzung der Haftung des Schuldnerstaates mindestens ein fruchtloser Beitreibungsversuch. Aber Anhang § 14 in Verbindung mit Art. 296 Nr. 4 führt doch zu der Annahme, daß es dieser Voraussetzung nicht bedarf, sondern daß der Schuldnerstaat ohne Rücksicht auf die Beitreiblichkeit haftet, freilich wieder mit folgender Einschränkung.

Wenn nämlich der Schuldner bereits vor dem Kriege im Konkurs, im Zustand der Zahlungsunfähigkeit oder im Zustand erklärter Zahlungseinstellung sich befand, oder wenn Schuldnerin eine auf Grund der Kriegsgesetze liquidierte Gesellschaft war, haftet der Schuldnerstaat nur für die Dividende, die sich im Konkurs, der sonstigen Regulierung oder bei der Liquidation ergibt.

Die Bestimmung entspricht der Tendenz, den Gläubiger nicht grundlos besser zu stellen, als er vor dem Kriege stand, eine Tendenz, die freilich wieder nicht restlos durchgeführt ist.

Aber auch in der praktischen Anwendung wird die Bestimmung außerordentliche Schwierigkeiten machen.

Die Ausdrücke „Konkurs" und „Zahlungsunfähigkeit" sollen im Sinne der einschlägigen Gesetzgebung verstanden werden. Der Eintritt des Konkurses ist für das deutsche Recht genau festzustellen. Ob schon vor dem Kriege Zahlungsunfähigkeit vorlag, wird im Einzelfalle zu prüfen sein.

Der Ausdruck „im Zustand erklärter Zahlungsunfähigkeit" soll die Bedeutung haben, die ihm im englischen Recht zukommt.

Vollends unklar ist aber die Bestimmung, daß in dem Falle zu d das Verfahren auf die Ausschüttungs-Summe „répartitions, dividends" Anwendung finden soll. Von ziffermäßig bestimmten Ausschüttungs-Summen ist doch nur im Falle des Konkurses oder der Liquidation einer Gesellschaft die Rede, nicht aber im Falle der Zahlungsunfähigkeit oder der Zahlungseinstellung.

Auch die Bestimmung, das Verfahren solle nur auf die Ausschüttungs-Summe Anwendung finden, scheint ungenau zu sein. Prüfung, Anerkennung, gerichtliches Verfahren, Gutschrift müssen sich auf die ganze Forderung beziehen; nur die Haftung des Schuldnerstaates kann auf die Dividende beschränkt bleiben.

11. Nach den Ausführungen zu 10 ergibt sich in den dort vorgesehenen Fällen für das Verhältnis der verschiedenen Beteiligten zueinander folgendes:

a) Im Verhältnis zwischen Gläubiger und Schuldner, daher auch im Verfahren vor den Ämtern, Schiedsgerichten oder Gerichten kommt es auf die Frage an, ob die Schuld besteht. Die Frage, ob der Schuldner Kriegsschäden erlitten hat, ist daher in diesem Verfahren unerheblich; sie gibt dem Schuldner keine aufschiebende Einrede gegenüber seinem Gläubiger. Da er aber dem Gläubiger unmittelbar nicht zahlen darf, also auch nicht zahlen muß, da seine Schuld, solange ihm nicht sein Kriegsschaden ersetzt ist, auch dem Gläubigeramt nicht gutgeschrieben wird, wird folgerichtig so lange auch das Schuldneramt von ihm die Schuld nicht einziehen; sachlich wird er also Stundung erlangen.

Ob die Landesgesetzgebung dies ausdrücklich ausspricht, bleibt abzuwarten.

Die Einschränkung zu 10 b spielt im Verfahren zwischen Gläubiger und Schuldner keine Rolle.

Der Einwand der Verjährung kann von dem Schuldner im Prüfungsverfahren vorgebracht werden. Die Fragen zu 10 d sind für den Bestand der Schuld ohne Bedeutung, sind daher zwischen Gläubiger und Schuldner nicht zu erörtern.

b) Das Schuldneramt hat Vollmacht, die anerkannte oder zuerkannte Schuld einzuziehen. Im Falle der Nr. 10 a wird es voraussichtlich von dieser Vollmacht keinen Gebrauch machen. Die Frage der Nr. 10 b berührt die Zahlungspflicht des Schuldners gegenüber dem Schuldnerstaat nicht. Den Einwand der Verjährung kann der Schuldner, wenn er ihn gegenüber dem Gläubiger nicht vorgebracht hat, auch gegenüber dem Schuldneramt, das in Vertretung des Gläubigers auf Grund gesetzlicher Vollmacht handelt, nicht vorbringen.

Die Fragen zu 10 d sind wiederum für den Bestand der Schuld unerheblich, berühren daher auch die Befugnis des Schuldneramtes, die Forderung einzuziehen, nicht.

c) Das Verhältnis zwischen Gläubigeramt (Gläubigerstaat) und Schuldneramt (Schuldnerstaat) ist zu 10 dargelegt.

d) Was endlich das Verhältnis zwischen Gläubigerstaat und Gläubiger angeht, so soll nach Anhang § 9 der Gläubigerstaat die ihm gutgeschriebene Summe den einzelnen Gläubigern auszahlen. Im Falle der Nr. 10 a erfolgt keine Gutschrift, daher auch keine Auszahlung, solange dem Schuldner nicht sein Kriegsschaden ersetzt ist.

Unter Umständen ein überaus merkwürdiges Ergebnis. Der deutsche Gläubiger muß eine vielleicht nicht absehbare Zeit auf die Einziehung der Forderung, die ihm an seinen italienischen Schuldner zusteht, warten, weil dem letzteren der Kriegsschaden, der ihm durch den Krieg zwischen Österreich und Italien entstanden, vielleicht durch die Truppe des eigenen Landes zugefügt ist, noch nicht ersetzt ist. Der französische Gläubiger ist in gleicher Lage gegenüber dem deutschen Schuldner, weil diesem der durch den Einbruch der Russen in Ostpreußen entstandene Schaden nicht ersetzt ist.

Der Einwand der Verjährung berührt die Haftung des Schuldnerstaates, nicht aber das Verhältnis zwischen dem Gläubigerstaat und dem Gläubiger, wenn im Verfahren zwischen Schuldner und Gläubiger dem letzteren der Einwand nicht oder ohne Erfolg entgegengesetzt ist.

Die zu d erwähnten Umstände endlich wird die einzelstaatliche Gesetzgebung, die die Bedingungen der Auszahlung an die Gläubiger, insbesondere den entsprechenden Abzug „für Ausfälle, Kosten und Vermittelungsgebühren" regeln soll, zu behandeln haben.

Nach alledem kann sich der unbillige Erfolg ergeben, daß das Schuldneramt mehr vom Schuldner einzieht, als auf die einzelne Schuld dem Gläubigeramt abgeführt wird, oder daß das Gläubigeramt dem Gläubiger weniger oder mehr zahlt, als es für die einzelne Schuld vom Schuldneramt erhält.

Für die juristische Konstruktion ergibt sich aber noch eine weitere Folge: Entgegen der allgemeinen Vorschrift des Anhangs (§ 11), wonach der Saldo der monatlichen Abrechnung vom Schuldnerstaat zu begleichen ist, werden von diesem Saldo Abzüge zu machen sein für diejenigen Schuldposten, die zwar in die Abrechnung einzustellen sind, bei denen aber trotzdem eine Haftung des Schuldnerstaates nicht eintritt (vgl. 10 b bis d).

Diese Ergebnisse werden auch nicht beseitigt durch die Verpflichtung der Vertragsstaaten, die Entscheidung des gemischten Gerichtshofes als endgültig anzuerkennen und für ihre Staatsangehörigen verbindlich zu machen. Denn diese Entscheidungen betreffen nur die Frage, ob das Schuldverhältnis zwischen dem einzelnen Gläubiger und dem einzelnen Schuldner besteht.

12. Gutschrift und Zahlung erfolgen in der Währung der jeweils beteiligten alliierten oder assoziierten Macht, auch wenn die Schuld

auf eine andere Währung lautet. Die Umwandlung erfolgt zu dem im etwa vorliegenden Vertrage vorgesehenen Umrechnungskurs oder wenn eine solche vertragsmäßige Bestimmung nicht vorliegt, zu dem Durchschnittskurs der Drahtüberweisungen der beteiligten alliierten oder assoziierten Macht während desjenigen Monats, der der Eröffnung der Feindseligkeiten zwischen dieser Macht und Deutschland unmittelbar vorherging.

Die durch den Friedensvertrag neu gebildeten Mächte (Polen, der serbisch-kroatisch-slowenische Staat, der tschechisch-slowakische Staat) werden erst eine neue Währung erhalten müssen; für sie bestimmt daher der Wiedergutmachungsausschuß (vgl. Abschnitt 8) die für die Gutschrift oder Zahlung maßgebende Währung und den Umrechnungskurs. Für die elsaß-lothringischen Schulden (vgl. § 13) ist der an der Genfer Börse während des Monats vor dem 11. November 1918 notierte Durchschnittskurs zugrunde zu legen.

Die Verzinsung der Schulden erfolgt, vorbehaltlich anderweitiger Abmachungen zwischen den beteiligten Regierungen, zu 5 % oder zu dem andern dem Gläubiger auf Grund des Vertrages, des Gesetzes oder der örtlichen Gewohnheit zustehenden Zinsfuß, und zwar für die Zeit von der Eröffnung der Feindseligkeiten oder dem späteren Fälligkeitstage an bis zum Tage der Gutschrift der Schuld bei dem Gläubigeramt. Zinsen, Dividenden und dergleichen werden nicht verzinst.

Die Zinsen gelten, soweit sie geschuldet werden, als von den Ämtern anerkannte Schulden und werden demgemäß gutgeschrieben und bezahlt.

13. Nicht von privatrechtlicher Bedeutung, aber für das Verhältnis der Staaten zueinander erheblich ist schließlich die Bestimmung, daß die alliierten und assoziierten Mächte jeden Saldo, der sich zu Lasten einer von ihnen bei der monatlichen Abrechnung der Ämter ergibt, so lange zurückbehalten dürfen, bis alle ihnen oder ihren Staatsangehörigen geschuldeten Summen bezahlt sind.

Fünfter Abschnitt.

Verträge, Urteile, Zwangsvollstreckung, Verjährung.

(Art. 299 und Anl.)

---

§ 16.

Die einzelstaatlichen Bestimmungen.

Durch die deutsche Verordnung vom 16. Dezember 1916 (Reichsgesetzblatt 1396) wurde dem Reichskanzler die Befugnis beigelegt, einen Kauf- und Lieferungsvertrag, den ein Deutscher mit einem Angehörigen bestimmter feindlicher Staaten geschlossen hatte, ferner gleichartige Werkverträge, Seefrachtverträge, Mietverträge über Seeschiffe ganz oder teilweise für aufgelöst zu erklären. Die Bestimmung galt gegenüber Groß-Britannien und Irland, Italien, Frankreich, den Kolonien und auswärtigen Besitzungen dieser Staaten[1]) und wurde später auf Portugal, Rußland, Finnland, die vereinigten Staaten, Brasilien und Siam (Verordnungen vom 19. August, 3. November und 31. Dezember 1917, 10. Januar und 14. Juni 1918, Reichsgesetzblatt 1917 S. 503, 1004; 1918 S. 5, 38 und 657) ausgedehnt.

Entsprechende Bestimmungen ergingen auch in vielen der feindlichen Staaten.

Darüber hinaus wurde aber in einer Reihe von Staaten schlechthin der Handel mit dem Feinde verboten. Schon vor dem Kriege galt in England und den vereinigten Staaten der Rechtssatz, daß die während eines Krieges zwischen Angehörigen kriegführender Länder geschlossenen Verträge ohne weiteres nichtig seien, und trotz des Artikels 23 h des Haager Abkommens, betreffend die Gesetze und

---

[1]) Dazu gehören nicht Ägypten und Franz.-Marokko. Vgl. Männer, Leipz. Zeitschr. 1917, 371.

Gebräuche des Landkrieges, blieb England bei dieser Auffassung auch vor dem Kriege stehen. Sofort bei Beginn des Krieges erließ dann England die Proklamation vom 5. August 1914, die das vorher geltende Recht etwas abschwächte,[1]) dann aber wurde durch Proklamation vom 9. September 1914 das Verbot des Handels in voller Schärfe ausgesprochen.

Dabei stellte sich England zunächst auf den Boden des Territorial-Prinzips. Es behandelte als Feind diejenigen Personen, welche im feindlichen Land wohnten, ohne Rücksicht auf ihre Staatsangehörigkeit, also beispielsweise auch den in Deutschland wohnenden Engländer, nicht aber den in England wohnenden Deutschen. In späteren Verordnungen wurde an dem Territorial-Prinzip nicht mehr festgehalten, sondern teilweise auch auf die Staatsangehörigkeit der Vertragsgegenpartei Gewicht gelegt.

In Frankreich erging am 27. September 1914 das Dekret, welches jeden Handel mit den Angehörigen des Deutschen Reiches oder mit den dort sich aufhaltenden Personen verbot und die mit dem Feinde seit dem 4. August 1914 geschlossenen Verträge für nichtig erklärte. Dabei häufte man das Territorial- und das Staatsangehörigkeitsprinzip; man verbot den Handel mit den im feindlichen Gebiet befindlichen Personen und außerdem den Handel mit allen feindlichen Staatsangehörigen.[2])

Italien erließ am 4. Februar 1916 ein Dekret, das die schon im Jahr vorher gegenüber Österreich erfolgten Verbote der Ein- und Durchfuhr von Waren österreich-ungarischen Ursprungs sowie der Ausfuhr von Waren nach Österreich-Ungarn nunmehr auch auf Deutschland erstreckte, und nach mehreren Zwischenverfügungen verbot ein Dekret vom 8. August 1916 den Handel mit dem Feinde schlechthin.[3]) Dabei wurden die Einwohner feindlicher Staaten und mit ihnen verbündeter Länder, also da Österreich-Ungarn bereits am 23. Mai 1915 den Krieg erklärt hatte, auch die Einwohner des Deutschen Reiches, dann aber auch die Staatsangehörigen dieser Länder als Feinde betrachtet.

---

[1]) Der Wirtschaftskrieg. Erste Abteilung: England. Jena 1917, S. 6. Koch, Handelskrieg und Wirtschafts-Expansion. Jena 1917, S. 6f. Scholz S. 229ff.

[2]) Scholz S. 250ff.

[3]) Koch, Wirtschaftskrieg S. 106, 107. Scholz S. 263ff.

Japan scheint erst im Sommer 1917 eine Verordnung veröffentlicht zu haben, die den Handel mit den in einer noch aufzustellenden schwarzen Liste genannten feindlichen Firmen verbot.[1])

Portugal verbot am 20. April 1916 den Handel sowohl mit feindlichen Staatsangehörigen, wie auch mit Personen, die sich im feindlichen Lande aufhielten.[2])

In Belgien, das ja verhältnismäßig früh zum größten Teil in deutsche Hände kam, erging ein allgemeines Handelsverbot erst am 10. Dezember 1916, nachdem schon vorher bestimmte einzelne Verbote erfolgt waren.[3])

Rumänien verbot durch Dekret vom 14. August 1916 den Handel mit Feinden und feindlichen Firmen.[4])

§ 17.

Geltungsgebiet der Bestimmungen des Friedensvertrages über privatrechtliche Verträge.

1. Vollkommen unanwendbar sind die Bestimmungen für alle Verträge zwischen deutschen Reichsangehörigen einerseits und Staatsangehörigen der vereinigten Staaten von Amerika, Brasilien und Japan andererseits. Diese Bestimmung ist getroffen „mit Rücksicht auf die Verfassung und das Recht" dieser drei Staaten.

2. Unanwendbar ist ferner der ganze Abschnitt bei Verträgen zwischen Parteien, von denen die eine „Feind" nur dadurch geworden ist, daß sie Einwohner eines Gebietes war, das vermöge des Friedensvertrages unter eine andere Souveränität tritt, falls diese Partei durch Anwendung des Friedensvertrages die Staatsangehörigkeit einer alliierten oder assoziierten Macht erwirbt.

Es bleiben also von dem Vertrage unberührt beispielsweise die Verträge zwischen dem Berliner Kaufmann einerseits und dem in Posen wohnenden Kaufmann, der vermöge der Abtretung der Provinz Posen an den polnischen Staat Pole wird.

Auch die Tatsache, daß er später etwa für Deutschland optiert, ändert daran nichts, es sei denn, daß spätere Ausführungsverträge oder Ausführungsgesetze in dieser Richtung etwas anderes bestimmen.

---

[1]) Koch S. 133.

[2]) Koch S. 151.

[3]) Koch S. 246. Scholz S. 302 ff.

[4]) Koch S. 251.

§ 18.

Aufhebung von Verträgen zwischen Feinden.

Der grundlegende Ausgangspunkt der Behandlung von Verträgen ist der an die Spitze gestellte Satz, daß Verträge zwischen Feinden als mit dem Zeitpunkt aufgehoben gelten, an dem zwei der Beteiligten Feinde geworden sind.

Aber dieser allgemeine Satz bedarf der Erklärung im einzelnen und erleidet viele Einschränkungen.

Als Feinde gelten Vertragsparteien, wenn der Handel zwischen ihnen verboten worden ist oder infolge von Gesetzen, Verordnungen oder Vorschriften, denen eine der Parteien unterworfen war, gesetzwidrig geworden ist. Dabei ist der maßgebende Zeitpunkt der Tag, an dem der Handel verboten worden oder an dem er sonstwie gesetzwidrig geworden ist.

Es ist also, um den Handel gesetzwidrig zu machen, nicht erforderlich, daß ein ausdrückliches Verbot des Handels mit dem Feinde ergangen ist; es genügt, wenn die Gesetzwidrigkeit aus anderen Rechtsnormen sich ergibt, und zwar auch nur für eine der beteiligten Parteien.

Danach gelten Engländer und Deutsche im Sinne dieser Bestimmungen vom Tage der Kriegserklärung an als Feinde (vgl. § 16).

Es genügt ferner, wenn von mehreren auf der einen Seite der Vertragspartei stehenden Personen, also beispielsweise von mehreren Verkäufern auch nur der eine „Feind“ der andern Vertragspartei im Sinne der vorstehenden Bestimmungen ist.

Eine Gesellschaft, die im feindlichen Lande ihren Sitz hat, gilt ebenfalls als Feind, und auch im übrigen werden bei Gesellschaften auch hier die Sätze anzuwenden sein, welche oben in § 9 ausgeführt sind. Als Feinde werden also Gesellschaften zu behandeln sein, die von feindlichen Staatsangehörigen „abhängig“ sind, und diese Abhängigkeit wird vorliegen, wenn feindliche Staatsangehörige überwiegend beteiligt sind. Dagegen wird die vielfach gar nicht festzustellende Tatsache, daß Aktien oder Geschäftsanteile in geringerem Maße in Feindeshand sind, nicht ausreichen, um die Gesellschaft selbst als Feind erscheinen zu lassen, wenn eine Abhängigkeit der Gesellschaft vom Feinde dadurch nicht herbeigeführt wird.

Der Zeitpunkt, von dem an der Handel verboten worden ist, wird sich, wenn ausdrückliche Handelsverbote ergangen sind, von Fall zu Fall feststellen lassen; aber diese Verbote erschöpfen den Tatbestand nicht, und die Frage, an welchem Tage der Handel, auch abgesehen von einem ausdrücklichen Verbot, gesetzwidrig geworden ist, wird vielfach kaum lösbar sein. Soweit die mit Deutschland im Kriege befindlich gewesenen Staaten in Frage kommen, liegt noch jetzt das tatsächliche Material nicht vollständig vor. Erlaß, Zeitpunkt und Inhalt der ergangenen Anordnungen sind vielfach noch nicht zuverlässig bekannt.

Für die Frage, ob der Handel mit dem Feinde auf deutscher Seite gesetzwidrig sei, ist auch § 89 Strafgesetzbuch herangezogen worden, nach dem bestraft wird, wer vorsätzlich während eines Krieges einer feindlichen Macht Vorschub leistet.[1]) Aber abgesehen davon, daß zum Tatbestand des Vergehens der auf die Vorschubleistung gerichtete Vorsatz gehört, kann schon deshalb in der Norm des § 89 ein allgemeines Verbot des Handels mit dem Feinde nicht gefunden werden, weil doch, von ganz besonderen Fällen abgesehen, nur die Ausfuhr, die Lieferung von Waren an das Ausland als Vorschubleistung erscheinen könnte.

Den Vorschriften eines Landes „unterworfen" sind einmal: dessen Staatsangehörige, sodann die dort aufhältlichen Personen.

§ 19.

Ausnahmen von der Aufhebungsregel.

I. Abgesehen von den in § 17 erwähnten Gebieten, auf die die Bestimmungen über die Verträge überhaupt keine Anwendung finden, sind aber auch noch weitere Verträge dieser Regel nicht unterworfen.

a) Zunächst haben sich die alliierten und assoziierten Mächte, denen eine der Vertragsparteien angehört, das Recht vorbehalten, binnen 6 Monaten nach Inkrafttreten des Friedensvertrages auf der Ausführung der von ihnen zu bezeichnenden Verträge „im allgemeinen Interesse" zu bestehen. Die Fassung und der Sinn der Bestimmung sind nicht klar. Es ist die Rede von den alliierten und assoziierten Mächten, denen eine der Vertragsparteien angehört. Gemeint ist aber augenscheinlich, daß jede derartige Macht, der eine der Vertragsparteien angehört, das Recht hat, die

[1]) Vgl. über die Frage Liszt in der Zeitschrift für Strafrechtswissenschaft 36, 788; Lilienthal, ebenda 37, 114; Ebermeyer, Leipz. Zeitschrift 16, 664; Eibes, ebenda 18, 91 und Ebermeyer, ebenda 18, 95.

Verträge zu bezeichnen, auf deren Ausführung sie besteht. Unklar ist dann ferner, welche Bedeutung die Worte haben sollen, daß eine solche Erklärung „im allgemeinen Interesse", „dans un intérêt général", abgegeben werde. In jedem Falle aber unterliegt die Frage, ob eine solche Erklärung im allgemeinen Interesse liegt, der Nachprüfung weder von seiten der deutschen Regierung, noch von seiten der deutschen Partei, von der Erfüllung verlangt wird.

Die Härte der Bestimmung wird gemildert dadurch, daß der gemischte Schiedsgerichtshof einer Partei, für die die Ausführung eines solchen Vertrages infolge veränderter Handelsverhältnisse einen erheblichen Nachteil mit sich bringt, eine angemessene Entschädigung zubilligen kann (vgl. unten § 35).

b) Gerade umgekehrt werden Verträge behandelt, welche vor dem Tage der Verkündung des französischen Dekrets vom 30. November 1918 in Elsaß-Lothringen zwischen Elsaß-Lothringern (vgl. über diesen Begriff § 5), natürlichen oder juristischen Personen oder andern Einwohnern Elsaß-Lothringens, also auch solchen, die nicht Elsaß-Lothringer sind, einerseits und dem Deutschen Reich oder den deutschen Staaten oder deren in Deutschland wohnenden Angehörigen andererseits geschlossen sind. Diese Verträge, wenn ihre Ausführung durch den Waffenstillstand oder durch die spätere französische Gesetzgebung ausgesetzt worden ist, bleiben in Kraft mit Ausnahme derjenigen, deren Auflösung „im allgemeinen Interesse" die französische Regierung binnen 6 Monaten nach Inkrafttreten des Friedensvertrages amtlich Deutschland mitteilt. Ist auf Grund eines solchen Vertrages, dessen Auflösung die französische Regierung erklärt, bereits vor dem 11. November 1918, dem Tage des Abschlusses des Waffenstillstandes, eine Rechtshandlung vollzogen oder eine Zahlung geleistet, so bleiben die daraus sich ergebenden Forderungen und Ansprüche bestehen.

Über die Bedeutung der Worte „im allgemeinen Interesse" vgl. oben zu a.

Wie zu a im Falle der ausnahmsweise erfolgenden Aufrechterhaltung, so kann hier im Falle der ausnahmsweise erfolgenden Auflösung eines solchen elsaß-lothringischen Vertrages der gemischte Gerichtshof der geschädigten Partei eine angemessene Entschädigung zubilligen. Entgangener Gewinn wird aber nicht ersetzt.

c) Vielfach sind Verträge zwischen „Feinden" mit Genehmigung einer der kriegführenden Mächte, also ihrer Regierung oder ihrer sonst zuständigen Behörde geschlossen worden, so im besetzten Gebiet oder wenn Angehörige des einen Staates im Gebiete des anderen Staates oder im neutralen Ausland wohnten. Geschäfte, die auf Grund solcher Verträge „in gesetzmäßiger Weise", also ohne Verstoß gegen die sonst bestehenden Rechtsnormen vorgenommen sind, dürfen nicht auf Grund der vorliegenden Bestimmungen des Friedensvertrages für ungültig erklärt werden.

d) Von der Aufhebung durch den Friedensvertrag bleibt endlich grundsätzlich eine ganze Reihe von Verträgen ausgenommen; es bleiben in Kraft:

1. Verträge, die die Übertragung des Eigentums an Grundbesitz, Gütern, beweglichen oder unbeweglichen Werten zum Gegenstande haben, wenn die Übertragung des Eigentums oder die Übergabe erfolgt ist, bevor die Vertragsparteien Feinde im Sinne der oben zu § 18 erörterten Bestimmung wurden.

Es handelt sich also dabei um Veräußerungsverträge, die auf Übertragung des Eigentums hinausgehen. Der Text des Vertrages zwingt zu der Annahme, daß es genügt, wenn die Übertragung des Eigentums, also bei deutschen Grundstücken der Regel nach Auflassung und Eintragung im Grundbuch, oder die Übergabe, also eines von beiden vor dem Eintritt des Feindeszustandes erfolgte. Dies entspricht auch dem augenscheinlichen Zwecke der Bestimmung, die bereits geschaffene Rechtsverhältnisse aufrecht erhalten will. Bei der Allgemeinheit der Fassung (propriétés, biens effets mobiliers ou immobiliers, estatesor realor personal property) werden beispielsweise auch Patent- oder Urheberrechte hierher zu rechnen sein. Lizenzverträge sind aber nicht aufrecht zu erhalten (§ 30).

2. Pacht- und Mietverträge.

Der deutsche Text des Vertrages spricht nur von Mietverträgen, Mieten und Mietversprechen; aber es ist dabei nicht nur an Miete im eigentlichen Sinne, sondern auch an Pacht zu denken. Der französische Text spricht von „baux, locations et promesses de locations", der englische Text von „leases and agreements for leases". Das französische Recht (code civil Art. 1711) gebraucht den Ausdruck bail für Miete von Häusern und beweglichen Sachen (bail à loyer) und für Pacht von ländlichen Grundstücken (bail à ferme) sowie für Viehpacht (bail à cheptel) (vgl. auch Art. 1712), auch der englische Ausdruck lease bedeutet sowohl Miete als Pacht.

Maßgebend ist aber nicht der deutsche, sondern der französische und englische Text (vgl. Schluß des Vertrages hinter Art. 440).

Eine weitere Unstimmigkeit im Text des Vertrages ist die, daß der französische Text schlechthin von Miete oder Pacht spricht, der englische Text dagegen nur von Miete oder Pacht of land and houses, von Grund und Boden und Häusern spricht, was also die Miete von beweglichen Sachen und Gerechtigkeiten ausschließen würde. Da der französische und englische Text, beide maßgebend sein sollen, wird die im englischen Text enthaltene Einschränkung als geltend anzusehen sein.

3. Die Verträge über Bestellung von Pfandrechten und Hypotheken.

Unter Hypotheken sind auch Grundschulden zu verstehen. Wenn aber der deutsche Text auch noch von Verträgen über Sicherstellungen redet, so geht der Ausdruck zu weit. Bei Sicherstellungen könnte man auch an Bürgschaften denken, gemeint sind aber nur Realsicherheiten. Der französische Text spricht von contrat d'hypothèque, de gage et de nantissements, der englische Text von contracts of mortgage, pledge or lien und alle diese Ausdrücke behandeln nur die dingliche Sicherheit.

4. Konzessionen betreffend Bergwerke und Gruben, Steinbrüche oder Lagerstätten.

Gemeint sind Bergwerke im Sinne unseres Berggesetzes, aber auch Tagebauten, Steinbrüche und sonstige Ablagerungen von Bodenschätzen. Der Ausdruck „Konzession" läßt zweifelhaft, ob privatrechtliche Verträge über Einräumung von Abbaurechten oder öffentlichrechtliche Verleihungen des Bergwerkseigentums gemeint sind. Diese letzteren sind nicht Verträge, von denen allein der vorliegende Abschnitt des Friedensvertrages handelt. Die Frage, ob sie wirksam sind, ist also nicht hier behandelt; hier ist nur an Verträge gedacht. Solche Verträge kommen nicht nur als Verträge über Einräumung von Abbau- und Nutzungsrechten vor, sondern vor allem auch in denjenigen Gebieten und für diejenigen Bodenschätze, in denen oder für die das Bergwerkseigentum von dem Eigentum am Grund und Boden nicht getrennt ist.

Praktisch ist die Frage ohne Bedeutung, denn die Aufrechterhaltung von Verleihungen folgt aus der nachfolgenden Nr. 5 des § 2 der Anlage zu Art. 299, 1 (vgl. unten Nr. 6).

5. Verträge zwischen Privaten einerseits und Staaten, Provinzen, Gemeinden oder andern ähnlichen Verwaltungskörperschaften andererseits. Dabei ist es unerheblich, ob die öffentliche Körperschaft, welche Vertragspartei ist, eine deutsche oder eine der alliierten und assoziierten Mächte ist. Es sollen also grundsätzlich die Verträge öffentlicher Körperschaften vor der Aufhebung geschützt werden.

Auch hier besteht eine Abweichung zwischen dem französischen und dem englischen Text. Der französische Text spricht von Verträgen zwischen Privaten, particuliers, mit der öffentlichen Körperschaft, der englische Text von Verträgen zwischen individuals or companies mit der öffentlichen Körperschaft. Aber der Sinn ist in beiden Texten der gleiche. Auch bei Anwendung des französischen Textes müßten Verträge von Gesellschaften auch als geschützt gelten.

6. Obwohl nicht zu den Verträgen gehörig, werden hier auch als aufrecht erhalten bezeichnet die Konzessionen, welche von Staaten, Provinzen, Gemeinden oder andern ähnlichen Verwaltungskörperschaften verliehen sind. Es kommen dabei vor allen Dingen Verleihungen des Bergwerkseigentums, von Straßenbahngerechtigkeiten, Genehmigungen zur Errichtung und zum Betriebe von Wasser-, Gas-, Elektrizitätswerken und zur Benutzung der Straße zu diesen Zwecken, Genehmigungen zur Ausbeutung von Wasserkräften und dergleichen in Frage.

7. Ganz allgemein ist schließlich bestimmt (§ 7 der Anl. zu Art. 299—303), daß der Regreßanspruch aus Handelspapieren (§ 21 [2]) gegen den Vordermann dadurch nicht berührt wird, daß dieser Feind wird.

Bei alledem ist aber nicht zu übersehen, daß die Frage, ob der Vertrag aus anderen Gründen, z. B. wegen Unmöglichkeit der Erfüllung aufgehoben ist, nicht nach dem Friedensvertrag, sondern nach Landesrecht beurteilt wird.[1])

II. Aber alle diese Ausnahmen gelten nur mit Vorbehalt.

1. Zunächst ist hierbei überall die Vertragsabrede in erster Reihe maßgebend. Auch die nach dem Friedensvertrage von der Aufhebung durch diesen Vertrag ausgenommenen Verträge werden aufgehoben, wenn dies für den Fall des Krieges, des Ausbruchs der Feindseligkeiten, des Handelskrieges oder anderer durch den Krieg

---

[1]) Vgl. den freilich nicht mehr wirksamen deutsch-russischen Zusatzvertrag vom 3./7. März 1918, Art. 7 § 2, Reichsgesetzblatt S. 628.

herbeigeführter oder in seinem Verfolg eingetretener Ereignisse vereinbart ist. Die Kriegsklausel, die vereinbart ist, ist also nicht beseitigt.

Es ist dies wohl selbstverständlich, aber im Friedensvertrage ausdrücklich hervorgehoben.

2. Die Bestimmung des Friedensvertrages gilt nur, wenn die während des Krieges von den alliierten und assoziierten Mächten erlassenen Gesetze, Verordnungen oder inneren Vorschriften nichts anderes bestimmen. Es handelt sich dabei um die Kriegsgesetzgebung der bezeichneten Mächte, nicht um einzelne Kriegsmaßnahmen.

Wenn also ein Gesetz der betreffenden alliierten oder assoziierten Macht bestimmt, daß Verträge der oben erwähnten Arten oder einer dieser Arten mit dem Feinde aufgehoben seien, so wird die Wirksamkeit dieses Gesetzes durch den Friedensvertrag nicht berührt.

Wie steht es mit den deutschen allgemeinen Gesetzen oder Verordnungen, welche die Aufhebung von Verträgen ausgesprochen haben? Deutsche Kriegsgesetze haben manche Verträge ganz (vgl. z. B. Reichsgetreideverordnung vom 29. Mai 1918 § 4, Abs. 2) oder zum Teil (vgl. z. B. Verordnung vom 7. Oktober 1915 über das Kündigungsrecht von Kriegsteilnehmern § 1, Reichsgesetzblatt 642, Verordnung über die Unverbindlichkeit der Goldklausel vom 28. September 1914, Reichsgesetzblatt S. 417) aufgehoben oder für nichtig oder unverbindlich erklärt, ohne Rücksicht darauf, ob diese Verträge mit Feinden geschlossen sind oder nicht. Diese Gesetze werden durch den Friedensvertrag nicht berührt; denn der Friedensvertrag will nur bestimmte Arten von Verträgen von der im Friedensvertrag selbst als Regel aufgestellten Aufhebungsvorschrift ausnehmen, nicht aber positiv Verträgen eine Wirksamkeit verleihen, die sie sonst nicht haben würden.

Aus dem gleichen Grunde ändert auch der Friedensvertrag nichts an der Wirkung der Erklärungen, durch die etwa das Reichsschiedsgericht für Kriegswirtschaft auf Grund der ihm durch die deutsche Verordnung, betreffend Verträge mit feindlichen Staatsangehörigen, vom 16. Dezember 1916 und der Ausführungsverordnung vom 17. Dezember 1916 (Reichsgesetzblatt 1396 und 1398) eingeräumten Ermächtigung, Verträge zwischen Deutschen und Angehörigen gegnerischer Staaten für aufgelöst erklärt hat. Eine andere Frage ist, ob die Gerichte des gegnerischen Staates eine solche

Auflösungserklärung als wirksam ansehen müssen. Diese Frage ist nicht nach dem Friedensvertrag, sondern nach den Grundsätzen des internationalen Privatrechts zu entscheiden und es kommt dabei auf den Sitz der Obligation an.

Soweit Verträge in Verfolg außerordentlicher Kriegsmaßnahmen, wie z. B. im Laufe der Liquidation oder der Zwangsverwaltung feindlicher Unternehmungen für aufgelöst erklärt worden sind, ergibt sich die Wirksamkeit solcher Auflösungen aus der oben erwähnten nachträglichen Legalisierung solcher Maßnahmen in dem ebendort behandelten Umfange (vgl. § 10), und auch diese Auflösung wird durch die hier behandelte Vorschrift des Friedensvertrages nicht berührt.

3. Die Bestimmung, daß die hier erwähnten Verträge aufrecht erhalten bleiben, ändert nichts an der Befugnis der alliierten und assoziierten Mächte, die Rechte der deutschen Staatsangehörigen aus diesen Verträgen in dem oben (§ 11) erwähnten Umfange zurückzubehalten und zu liquidieren.

4. Für bestimmte Verträge oder Vertragsgattungen enthält der Vertrag Sonderbestimmungen (vgl. unten § 21). Diese gelten an erster Stelle vor den allgemeinen Regeln.

§ 20.

Beschränkung der Wirkung der Aufhebung der Verträge.

1. Die Aufhebung der Verträge wirkt erst von dem Zeitpunkt an, wo die Vertragsteile Feinde geworden sind (vgl. § 17). Bei Verträgen, deren Erfüllung sich nicht in einer einmaligen Leistung erschöpft, besonders also bei laufenden Lieferungsverträgen, Anstellungsverträgen u. dgl. ist also bis zu diesem Zeitpunkt der Vertrag wirksam.

2. Daraus zieht der Friedensvertrag die logische Folgerung, daß, wenn ein der Aufhebung unterliegender Vertrag von einem Vertragsteile bereits ganz oder teilweise erfüllt ist, die Gegenleistung vom andern Teil zu gewähren ist.

Dies scheint der Sinn der hier und mit ähnlichem Wortlaut bei den elsaß-lothringischen Verträgen getroffenen Bestimmung zu sein, daß die Aufhebung des Vertrages nicht gilt „für Schulden und andere Geldverpflichtungen, die aus der Vornahme einer in einem solchen Vertrage vorgesehenen Handlung oder der Leistung einer dort vorgesehenen Zahlung entspringen“.

Das Verhältnis ist also nicht so geregelt, wie es das deutsche Recht bei Leistungen aus nichtigen Verträgen behandelt, in welchem Falle der Leistende gegen den Empfänger nur einen Bereicherungsanspruch hat. Vielmehr besteht, wenn bereits teilweise erfüllt ist, die vertragsmäßige Verpflichtung des andern Teiles fort.

Freilich wird in der Praxis vielfach recht zweifelhaft und schwer zu entscheiden sein, in welchem Umfange die Gegenleistung zu gewähren, was die Gegenleistung gerade für den bereits erfüllten Teil des Vertrages ist, welche Verpflichtung aus der von dem einen Teil bereits geleisteten Zahlung oder vorgenommenen Handlung sich ergibt.

3. Die Bestimmungen des Friedensvertrages werden vielfach dazu führen, daß Verträge teilweise aufgehoben werden. Dies wird beispielsweise dann der Fall sein, wenn Verträge vor dem Beginn der Feindeseigenschaft der Vertragsparteien wirksam geworden sind (laufende Lieferungsverträge, Dienst- und Werkverträge usw.) oder wenn einzelne Teile des Vertrages zu den aufgehobenen, andere zu den von der Aufhebung ausgenommenen gehören. Die Frage, ob in solchen Fällen die von der Aufhebungsvorschrift des Friedensvertrages nicht betroffenen Vertragsteile auch als aufgehoben zu betrachten sind, wird teilweise, soweit es sich um die Gegenleistung handelt, durch die zu 2 behandelte Bestimmung gelöst. Im übrigen macht der Vertrag die Entscheidung davon abhängig, ob sich die aufgehobenen Bestimmungen des Vertrages von den übrigen Vorschriften des Vertrages trennen lassen. Wenn ja, so bleiben die übrigen Vorschriften, sofern sie nicht etwa aus andern Gründen (vgl. oben § 18) aufgehoben sind, in Kraft; wenn nein, so gilt der Vertrag als in seiner Gesamtheit aufgehoben.

Die Bestimmung entspricht sachlich dem Grundsatz, den § 139 des deutschen Bürgerlichen Gesetzbuchs für den Fall der Nichtigkeit ausspricht („ist ein Teil eines Rechtsgeschäfts nichtig, so ist das ganze Rechtsgeschäft nichtig, wenn nicht anzunehmen ist, daß es auch ohne den nichtigen Teil vorgenommen sein würde"). Aber erstlich fehlt die die praktischen Schwierigkeiten wesentlich erleichternde Regelung der Beweislast, welche das deutsche Gesetz vorgenommen hat, und sodann legt der Friedensvertrag nicht auf die Willensrichtung der Vertragsparteien, sondern auf die objektive Trennbarkeit der verschiedenen Vertragsbestimmungen Gewicht. Er fragt also nicht, wie das deutsche Gesetz, was die Vertragsparteien getan haben würden, wenn sie sich der Aufhebung eines Teiles des Vertrages bewußt gewesen wären, sondern will — ein vielfach kaum lösbares Problem — die Bestimmungen des Vertrages, wie er sachlich vorliegt, auf ihre Trennbarkeit untersuchen.

§ 21.

Wiedereinsetzung in den vorigen Stand und Schadensersatz.

Eine in ihrer allgemeinen Fassung schwerverständliche Bestimmung enthält der Vertrag (Art. 300 d), indem er bestimmt: Ist ein Vertrag für aufgehoben erklärt, und zwar entweder, weil eine der Parteien eine Vertragsbestimmung nicht ausgeführt hat oder infolge Ausübung eines im Vertrage ausbedungenen Rechts, so steht der benachteiligten Partei frei, sich an den gemischten Schiedsgerichtshof zu wenden und Abhilfe zu verlangen.

Der Gerichtshof kann dann, wenn der Benachteiligte ein Angehöriger einer alliierten und assoziierten Macht ist, in Fällen, in denen dies billig und möglich ist, auf Wiederherstellung des durch die Aufhebung des Vertrages beeinträchtigten Rechtszustandes erkennen. Deutschland ist aber in jedem Falle jedem Dritten gegenüber für den dadurch entstandenen Schaden ersatzpflichtig.

Es kann nicht füglich die Absicht des Friedensvertrages sein, die hier erwähnte Bestimmung zu treffen, wenn nach dem einzelstaatlichen Recht aus den oben angegebenen Gründen ein Vertrag für aufgehoben erklärt ist. Die Bestimmung denkt augenscheinlich an den Fall, daß während des Krieges bei einem Vertrage zwischen „Feinden“ der eine eine Vertragsbestimmung nicht ausgeführt und dadurch dem anderen Teil Anlaß zum Rücktritt oder zur Ausübung eines vertragsmäßigen Rücktrittsrechts gegeben hat. So wird die Bestimmung dem Wortlaute entgegen einzuschränken sein.

§ 22.

Sonderbestimmungen für bestimmte Vertragsgattungen.

1. Verträge an der Effekten- und Produktenbörse.

Mit Beginn des Krieges stellte ein Teil der Produktenbörsen die Notierung von Preisen für den Zeithandel ein; damit fiel die Grundlage für die kaufmännische Berechnung weg, das Risiko ließ sich nicht mehr übersehen, auch nicht durch Gegengeschäfte ausgleichen, und eine verständige Gestaltung der Preise wurde außerordentlich erschwert.

Während ausländische Börsenbedingungen die alsbaldige Abwicklung derartiger schwebender Zeitgeschäfte ermöglichten, boten die Geschäftsbedingungen für den Warenhandel an wichtigen deutschen Börsen wie in Berlin keine Handhabe zu einer derartig vorzeitigen Abwicklung. Um diesen Mißständen zu begegnen, erhielt durch das deutsche Gesetz vom 4. August 1914 (Reichsgesetzblatt S. 336) der Bundesrat die Ermächtigung, anzuordnen, daß derartige Geschäfte, soweit sie nach den Geschäftsbedingungen einer deutschen Börse vor dem 1. August 1914 geschlossen und erst nach dem 4. August 1914, dem Inkrafttreten des Gesetzes zu erfüllen seien, mit dem Tage des Inkrafttretens der Anordnung des Bundesrats so anzusehen seien, als ob ein Vertragsteil gemäß eines ihm zustehenden Rechtes zurückgetreten sei.[1]) Die Landeszentralbehörde sollte den Liquidationspreis festsetzen. Der Unterschied zwischen dem Vertragspreise und dem Liquidationspreise war zu vergüten.

Der Bundesrat hat von dieser Ermächtigung durch Bekanntmachung vom 24. August 1914 (Reichsgesetzblatt S. 381) Gebrauch gemacht für Börsentermingeschäfte in Kupfer, Zinn, Zucker, Baumwolle und Kali sowie für die Geschäfte der in § 67 des Börsengesetzes vom 8./27. Mai 1908 bezeichneten Art in Getreide und Mehl, soweit sie nach den Geschäftsbedingungen einer deutschen Börse vor dem 1. August 1914 geschlossen und erst nach dem 4. August 1914 zu erfüllen waren, und für Börsentermingeschäfte in Kautschuk, bezüglich deren der Börsenvorstand in Hamburg den Erlaß der Anordnung, daß sie von der Benutzung der Börseneinrichtungen ausgeschlossen sind, ausgesetzt hatte (Börsengesetz § 51 Abs. 1 Satz 3). Für die Börsen in Berlin, Danzig und Magdeburg setzte dann der preußische Handelsminister Liquidationspreise fest (Erlaß vom 27. August 1914, Handels-Ministerialblatt S. 462).

Ausgeschlossen von dieser Anordnung des Bundesrats sind aber Geschäfte, welche bis zum Inkrafttreten der Anordnung des Bundesrats, d. h. bis zum 25. August 1914 bereits von einem Vertragsteile rechtswirksam erfüllt waren.

In gleichem Sinne erfolgten auch in andern Staaten Anordnungen. In England erging eine Bekanntmachung des Börsenausschusses vom 12. November 1914, nach der Börsengeschäfte, die von einem Börsenmitgliede vor dem Kriege für Rechnung eines

---

[1]) Gemeint ist nicht Auflösung des Vertrages, sondern berechtigte vorzeitige Kündigung. Gruch, Beiträge 60, 1028; Leipz. Zeitschrift 14, 1833.

Feindes eingegangen und bei Ausbruch der Feindseligkeiten nicht erfüllt waren, von dem Börsenmitglied nicht erfüllt werden durften. Das Mitglied erhielt das Recht, das Geschäft nach Lage des Falles durch Kauf oder Verkauf abzuwickeln.[1]) Diese Maßnahme betraf nur Geschäfte für Rechnung des Feindes; es sind aber auch, ebenso wie in Deutschland, allgemeine Liquidationsanordnungen für Zeitgeschäfte ergangen. In Frankreich wurde die Liquidation der Börsengeschäfte bei Beginn des Krieges suspendiert und fand erst am 30. September 1915 statt.[2])

Der Friedensvertrag bestimmt nun ganz allgemein und ohne dabei ein Vorrecht zugunsten der alliierten und assoziierten Mächte zu schaffen, daß Bestimmungen, die während des Krieges von einer anerkannten Effekten- oder Produktenbörse bezüglich der Abwicklung der von einer feindlichen Person vor dem Kriege eingegangenen börsenmäßigen Verpflichtungen erlassen worden sind und die in Anwendung dieser Bestimmungen getroffenen Maßnahmen, also besonders die vorgenommenen Liquidationen selbst bestätigt werden, d. h. also für alle bei dem Abschluß des Friedensvertrages beteiligten Staaten gültig und verbindlich sind, wenn

a) das Geschäft ausdrücklich in Gemäßheit der Bestimmungen der betreffenden Börse abgeschlossen war,
b) die Bestimmungen für alle Beteiligten verbindlich waren,
c) die Abwicklungsbedingungen gerecht und vernünftig waren (justes et raisonnables, fair and reasonable).

Die gleiche Bestätigung erfährt die Abwicklung der am 31. Juli 1914 abgeschlossenen Termingeschäfte über Baumwolle gemäß Entscheidung der Baumwollenvereinigung in Liverpool.

Eine Ausnahme gilt für die Maßnahmen, die in den vom Feinde besetzten Gebieten während der Besetzung erlassen sind.

Die vorstehenden Bestimmungen ergeben zunächst, daß es sich um Geschäfte handeln muß, die ganz ausdrücklich auf Grund der Bestimmungen der Börse geschlossen sind. Eine stillschweigende Unterwerfung unter Börsenbedingungen genügt also nicht. Die zu b angeführte Bestimmung führt in diesem Falle zu einer gleichmäßigen Behandlung deutscher und anderer Geschäftsparteien. Schwierigkeiten bereitet aber die Bedingung zu c. Denn, ob die Abwicklungen gerecht und vernünftig waren, das wird schließlich in jedem ein-

[1]) Der Wirtschaftskrieg. England S. 8.

[2]) Der Wirtschaftskrieg. Frankreich S. 121.

zelnen Falle, im Streitfalle vom Gericht zu entscheiden sein, und zwar in erster Reihe von dem gemischten Schiedsgerichtshof, sofern nicht nach den Gesetzen der alliierten, assoziierten oder neutralen Mächte die Gerichte dieser Staaten zuständig sind (Art. 304).

Der französische und der englische Text des Vertrages stimmen auch bei dieser Bestimmung nicht vollständig überein. Der französische Text spricht von börsenmäßigen Verpflichtungen, die eine feindliche Privatperson (un particulier ennemi) eingegangen ist, der englische von Verpflichtungen, die ein Feind schlechthin (an enemy) eingegangen ist; der englische Text umfaßt also auch Gesellschaften usw., und es besteht kein Grund, diese anders zu behandeln als physische Personen. Der französische Text wollte wohl auch kaum etwas anderes sagen. Die deutsche amtliche Übersetzung spricht von einer feindlichen Privatperson, scheinbar ohne die Abweichung der andern Texte zu beachten.

2. Faustpfandrecht.

Der Friedensvertrag geht grundsätzlich davon aus, daß Verträge über Verpfändungen nicht als aufgehoben gelten (vgl. oben § 19[3]). Die geltenden Gesetze bestimmen fast durchweg, daß der Pfandgläubiger das Pfand nicht verkaufen darf, ohne vorher den Verkauf dem Eigentümer angedroht zu haben (Bürgerliches Gesetzbuch § 1234). Während des Krieges war aber begreiflicherweise eine vorherige Androhung vielfach unmöglich. Mit Rücksicht darauf bestimmt der Vertrag, daß der Verkauf eines für die Schuld eines Feindes bestellten Pfandes trotz der Unterlassung dieser Benachrichtigung gültig ist, wenn der Gläubiger in gutem Glauben und mit angemessener Sorgfalt und Vorsicht verfuhr, und daß der Eigentümer aus dem Verkauf Schadensersatzansprüche nicht herleiten darf.

In Frage kommen nur Faustpfänder, nicht Hypotheken und sonstige Grundstückspfandrechte. Die Bestimmung findet keine Anwendung auf Pfandverkäufe, die ein Feind in den mit Krieg überzogenen oder besetzten Gebieten während der Besetzung vorgenommen hat.

Auch bei dieser Bestimmung weicht der englische und der französische Text des Vertrages voneinander ab, und zwar in zwei Punkten. Der französische Text legt darauf Gewicht, ob die Mitteilung von dem bevorstehenden Verkauf an den Eigentümer möglich war (alors même qu' avis n'a pu être donné au propriétaire), der englische Text lediglich darauf, ob die Mitteilung tatsächlich erfolgte (irrespective of notice to the owner). Die deutsche amtliche Übersetzung hat sich dem französischen Text angeschlossen. Sachlich wird übrigens die Verschiedenheit kaum in Betracht kommen; denn da der ohne vorherige Benachrichtigung erfolgte Verkauf nur wirksam ist, wenn der Gläubiger mit gehöriger Vorsicht und Sorgfalt gehandelt hat, wird es auch darauf ankommen, ob er die Nachricht an den Eigentümer geben konnte. Wenn er trotz dieser Möglichkeit die Nachricht unterließ, hat er eben nicht mit der gehörigen Sorgfalt gehandelt. Fraglich ist allerdings, wer die Beweislast hat; praktisch wird sich aber auch diese Frage dadurch erledigen, daß während des Krieges, von Ausnahmefällen abgesehen, die Nachricht an den feindlichen Eigentümer meist unmöglich war. Wenn freilich der feindliche Eigentümer nicht im feindlichen Gebiete, sondern im Lande des Gläubigers oder im neutralen Gebiete wohnte und dies dem Gläubiger bekannt war, wird den Gläubiger der Vorwurf der mangelnden Sorgfalt treffen. Noch eine weitere Verschiedenheit besteht zwischen dem französischen und dem englischen Texte. Der französische Text sagt, daß im Falle des sorgfältigen Verkaufs des Pfandes der Eigentümer, der englische Text, daß der Schuldner keinen Ersatzanspruch geltend machen kann. Der Eigentümer des Pfandes und der Schuldner sind nicht notwendig dieselben Personen. Der Sinn des Vertrages ist aber sicherlich der, daß im Falle sorgfältigen Verkaufs ein Ersatzanspruch schlechthin ausgeschlossen sei, also weder dem früheren Eigentümer des verkauften Pfandes, noch dem Schuldner der durch Pfand gesicherten Forderung zustehen soll.

3. Handelspapiere.

Die bestehenden Gesetze machen die Erhaltung oder die Ausübung der Rechte aus einem Wechsel oder der Regreßrechte aus einem Scheck von der Einhaltung bestimmter Fristen abhängig; solche Fristen sind besonders für die Vorlegung des Wechsels oder des Schecks zur Zahlung, für die Erhebung des Protestes, für die Benachrichtigung der Vordermänner vorgeschrieben. Während verschiedene fremde Rechte bei Versäumung dieser Fristen schon vor dem Kriege die Berufung auf höhere Gewalt zuließen, war dieser Rechtsbehelf dem deutschen Rechte für diese Fälle unbekannt. Erst kurz vor dem Kriege bestimmte das Gesetz vom 13. April 1914 (Reichsgesetzblatt S. 107), daß durch kaiserliche Verordnung die Erhaltung der an die Wahrung der Frist gebundenen Rechte trotz Versäumung der Frist gewährt werden könne, wenn eine im Ausland zur Ausübung oder Erhaltung der Rechte aus einem Wechsel oder Scheck vorzunehmende Handlung durch eine dort, im Ausland, erlassene gesetzliche Vorschrift verhindert werde.

In Fortbildung dieses Gedankens ergingen bereits bei Beginn und im Verlauf des Krieges, beginnend mit dem Gesetz vom 4. August 1914 (Reichsgesetzblatt S. 327), verändert durch Verordnung vom 20. Januar 1919 (Reichsgesetzblatt S. 91), und der Bekanntmachung vom 6. August 1914 (ebenda S. 357) eine Fülle von Vorschriften, die sich im wesentlichen in folgenden Richtungen bewegten:

a) Die Fristen zur Vornahme der zur Ausübung oder Erhaltung der Rechte aus dem Papier vorgesehenen Handlungen wurden zunächst allgemein und außerdem für den Fall der Verhinderung durch höhere Gewalt verlängert.

   Als höhere Gewalt gilt besonders Besetzung durch den Feind, Unterbrechung der Postverbindung, Behinderung durch eine im Ausland erlassene gesetzliche Vorschrift.

b) Die Fristen wurden für Wechsel und Schecks, die in den mit Krieg überzogenen oder vom Krieg bedrohten Gegenden zahlbar waren (Elsaß-Lothringen, Ostpreußen, bestimmte Kreise von Westpreußen) noch besonders verlängert.

c) Die Fälligkeit der sog. Auslandswechsel wurde hinausgeschoben.

d) Die Verjährungsfristen wurden für Elsaß-Lothringische Wechsel und für Wechsel, die im Ausland zahlbar waren, oder bei denen der Akzeptant oder der Aussteller im Ausland wohnten oder ein ausländischer Wohn- oder Ausstellungsort angegeben war (Verordnung vom 19. Juli 1917, Reichsgesetzblatt S. 635) verlängert.

Die ursprünglichen Fristen wurden zu b—d immer wieder weiter verlängert.

In der gleichen Richtung bewegten sich die allgemeinen Rechtsnormen, welche die gegnerischen Staaten erließen. Dabei redeten die ausländischen Vorschriften bald von übertragbaren Papieren schlechthin, bald von Wechseln, Schecks, den auf Order oder auf den Inhaber lautenden Zahlungsanweisungen, Mandaten, Warrants, bald von Wechseln und Handelspapieren oder Wechseln und anderen begebbaren Papieren.

Der Friedensvertrag bringt nun Bestimmungen, welche die Verordnungen der Einzelstaaten im wesentlichen legalisieren und zum internationalen Recht erheben.

Er bezeichnet die davon betroffenen Papiere ganz allgemein als Handelspapiere (effets de commerce, negotiable instruments), ein Ausdruck, der sicherlich Wechsel und Schecks umfaßt. Er bezieht sich auf solche Papiere, welche vor dem Kriege ausgestellt sind und auf das Verhältnis zwischen Feinden.

Der Begriff der Ausdrücke „vor dem Kriege" und „zwischen Feinden" ist auch hier der oben in § 18 erörterte.

Da die Bestimmung des Vertrages sich auf das Verhältnis zwischen Feinden beschränkt, richtet sich das Rechtsverhältnis aus solchen Papieren, soweit dabei Deutsche untereinander beteiligt sind, nicht nach dem Friedensverträge, sondern nach dem abgesehen davon das Rechtsverhältnis beherrschenden Rechte.

Dies vorausgeschickt, bestimmt der Vertrag, daß kein derartiges Handelspapier lediglich wegen versäumter fristgerechter Vorlegung zwecks Annahme oder zwecks Zahlung, wegen versäumter Benachrichtigung der Aussteller oder Giranten von der Nichtannahme oder Nichtzahlung, wegen versäumten Protestes, wegen Versäumung der Erfüllung irgend einer Formvorschrift für verfallen erklärt werden kann, wenn die Versäumung während des Krieges erfolgt ist. Wie nach deutschem Rechte, wird also über die Versäumung dann nicht hinweggesehen, wenn das Papier bereits vor dem Kriege präjudiziert war.

Ist eine der erwähnten Fristen während des Krieges abgelaufen und nicht gewahrt worden, so hat die handlungspflichtige Partei eine Frist von mindestens drei Monaten nach Inkrafttreten des Friedensvertrages zur Nachholung der versäumten Handlung. Eine Frist von m i n d e s t e n s drei Monaten, das bedeutet, daß eine landesrechtlich gewährte längere Frist der Partei zusteht. Die Frist beginnt mit der Errichtung des ersten Protokolls (vgl. § 1).

4. Der Vertrag enthält noch zwei Sonderbestimmungen über „Handelspapiere" der oben bezeichneten Art:

a) Die Regelung der besonderen Rückgriffshaftung aus solchen Papieren vgl. oben § 19 I. T.

b) Auch Verbindlichkeiten aus der Ausstellung der Papiere unterliegen dem Prüfungs- und Ausgleichungsverfahren (§ 14).

Das Recht des Inhabers solcher Papiere geht auf das Prüfungs- und Ausgleichsamt über.

4. Versicherungsverträge.[1])

a) Von außerordentlich großer praktischer Bedeutung ist die Regelung der Versicherungsverträge. Deutsche Versicherungsgesellschaften hatten im Auslande, ausländische, besonders englische und amerikanische Gesellschaften in Deutschland sehr umfangreiche geschäftliche Beziehungen. Die deutsche Rechtsprechung nahm an, daß ein deutscher Versicherer berechtigt sei, von dem Versicherungsvertrage mit einer englischen Gesellschaft zurückzutreten, hielt auch eine deutsche Versicherungsgesellschaft für berechtigt, von dem mit einer englischen Versicherungsgesellschaft vor Kriegsausbruch geschlossenen Rückversicherungsvertrage zurückzutreten.[2])

Die weitere Erfüllung von fremden Versicherungsverträgen wurde auch durch das allgemeine Verbot der kriegführenden Staaten, Zahlungen nach dem feindlichen Ausland zu leisten, ein Verbot, bei dem Ausnahmen für die Versicherungsprämie allerdings teilweise zugelassen wurden, vielfach unmöglich gemacht. Die Unterlassung der Prämienzahlung führte aber der Regel nach den Verfall der Versicherungsansprüche oder das Recht zum Rücktritt vom Vertrage herbei.[3])

Frankreich verbot nicht nur ebenso wie England den Abschluß neuer Versicherungsverträge mit dem Feinde, sondern bestellte noch für die feindlichen Versicherungsgesellschaften Sequester.[4])

Die Tatsache, daß die Versicherungsgesellschaften im feindlichen Auslande ihre Vertretungen hatten, machte die Rechtsverhältnisse noch verwickelter.

Auch die durch den Friedensvertrag geschaffene Regelung ist nicht einfach.

---

[1]) Bruck, Das Versicherungswesen im Friedensvertrag. Recht und Wirtschaft 19, 159.

[2]) Juristische Wochenschrift 16, 1184 und 1548. Leipz. Zeitschrift 16, 1109; 17, 669. Recht und Wirtschaft 17, 20. Juristische Wochenschrift 16, 773 und 1299.

[3]) Vgl. aber auch Verordnung vom 20. Mai 1915, Reichsgesetzblatt S. 290. Entsch. des Reichsgerichts 91, 17.

[4]) Wirtschaftskrieg. Abteilung Frankreich S. 172ff. Abteilung England S. 9ff., 37ff. Recht und Wirtschaft 1915, 86.

b) Der Friedensvertrag unterscheidet Lebensversicherungen, Seeversicherungen, Feuer- und andere Versicherungen, Rückversicherungen.

1. Feuerversicherungen und andere, d. h. unter keine der anderen Rubriken fallende Versicherungen.

a) Die Versicherung gilt weder durch die Eröffnung der Feindseligkeiten noch dadurch, daß eine der Parteien des Versicherungsvertrages Feind geworden ist, als aufgehoben. Auch die Tatsache, daß während des Krieges oder dreier Monate danach einer der Vertragschließenden eine Vertragsbestimmung nicht erfüllt hat, führt nicht zur Aufhebung.

Diese Bestimmung des Friedensvertrages beseitigt also entgegenstehende Bestimmungen des Versicherungsvertrages, insbesondere also die Bestimmung, daß die unterlassene Zahlung der Prämie die Aufhebung der Versicherung herbeiführt; sie beseitigt auch entgegenstehende Bestimmungen der Kriegsgesetzgebung oder der allgemeinen Gesetzgebung des einzelnen Staates. Das internationale Recht bricht auch hier das einzelstaatliche Recht.

Die Verträge werden aber aufgehoben mit dem ersten, nach Ablauf einer Frist von drei Monaten nach Inkrafttreten des Friedensvertrages eintretenden Fälligkeitstage der Jahresprämie.

Die Bestimmung bezieht sich nicht nur auf die Verträge, welche der Eigentümer der versicherten Sache, sondern auch auf Verträge, die eine andere an dem Eigentum beteiligte Person, z. B. Nießbraucher, Spediteure, Lagerhalter, Dienstherrschaft für die Habe der Angestellten usw. abgeschlossen haben.[1])

Da die Bestimmung auch auf andere als Feuerversicherungsverträge, soweit sie nicht Lebens-, See- oder Rückversicherungsverträge sind, Anwendung finden soll, gilt sie auch für Haftpflicht- und Unfallversicherungsverträge, bei denen vielfach auch für fremde Rechnung versichert wird (Versicherung des Betriebsunternehmers gegen Haftpflicht oder gegen Unfall der Angestellten).

Der Begriff des Feindes ist in § 18 erörtert. Nach dem Wortlaut denkt die Bestimmung nicht an den Fall, daß die Parteien des Versicherungsvertrages schon bei Abschluß des Versicherungsvertrages Feinde waren. Wenn also nach dem Recht des Einzel-

---

[1]) Vgl. auch Gesetz über den Versicherungsvertrag vom 30. Mai 1908, §§ 72ff.

staates derartige Verträge nichtig waren, so ändert daran der Friedensvertrag nichts.

Die Frist, nach deren Ablauf der Vertrag aufgehoben wird, berechnet sich wie folgt: wenn beispielsweise der Friedensvertrag am 15. September 1919 in Kraft tritt und die Jahresprämie stets am 1. Oktober fällig ist, so wird der Vertrag mit dem 1. Oktober 1920 aufgehoben; denn dies ist der erste Fälligkeitstag einer Jahresprämie, der nach dem 15. Dezember 1919 eintritt. Ist die Jahresprämie stets am 1. Januar fällig, so wird der Vertrag am 1. Januar 1920 aufgehoben.

Der Vertrag enthält nichts, darüber, wann die Aufhebung in denjenigen Fällen erfolgt, in denen die Prämie nicht als Jahresprämie zahlbar ist,[1]) ein Fall, der nicht selten vorkommt (Versicherung für die Dauer einer Ausstellung, einer Reise u. dgl.). Sinngemäß wird die Aufhebung eintreten mit dem ersten nach Ablauf der oben erwähnten Frist eintretenden Fälligkeitstage einer Prämie, soweit es sich nicht dabei nur um eine ein für allemal oder durch Einzelabrede gestundete Rate einer früher schon fällig gewordenen Prämie handelt.

Nicht ganz klar ist die Fristbestimmung des Vertrages. Die Tendenz der Bestimmung ist augenscheinlich für die Erfüllung der während des Krieges nicht erfüllten Vertragsleistungen, besonders der Prämienzahlungen eine dreimonatliche Nachfrist zu gewähren und mit der ersten nach Ablauf dieser Nachfrist eintretenden Fälligkeit einer Jahresprämie den Vertrag aufzuheben. Der Beginn der Fristen ist aber verschieden normiert; das eine Mal heißt es „drei Monate nach dem Kriege", das andere Mal drei Monate nach Inkrafttreten des Friedensvertrages (vgl. über diese Zeitbestimmung § 1). Die Frage, wann die drei Monate nach dem Kriege beginnen, läßt sich aber nicht füglich anders beantworten, als dahin, daß der Krieg mit dem Inkrafttreten des Friedensvertrages endet (vgl. oben § 1).

Die Frage, was aus den während des Krieges fällig gewordenen, aber nichtbezahlten Prämien und den Ansprüchen aus Schadensfällen, die während des Krieges eingetreten sind, wird, läßt der Vertrag offen; er verweist sie auf eine besondere Regelung. Hier werden also Ausführungsverträge geschlossen werden müssen.

---

[1]) Deutsches Versicherungsvertragsgesetz §§ 7, 9.

b) Der Friedensvertrag rechnet mit der Möglichkeit, daß durch Gesetz oder Verwaltungsmaßnahme in eine vor dem Kriege abgeschlossene Versicherung ein anderer Versicherer eingesetzt, die Versicherung auf diesen übertragen wurde.

Eine derartige Maßnahme war zunächst wirksam nur für diejenigen, die dem einzelstaatlichen Rechte des Staates, der die Maßnahme erlassen hatte, unterworfen waren. Der Friedensvertrag legalisiert nachträglich die Übertragung zu Gunsten und zu Lasten des ursprünglichen Versicherers. Für die Zeit seit der Übertragung gilt seine Haftung aus dem Vertrage als erloschen, aber auch seine Rechte aus dem Vertrage. Er hat aber das Recht, über die Bedingungen der Übertragung Auskunft zu verlangen.

Sind die Übertragungsbedingungen unbillig, so sind sie auf Antrag des ursprünglichen Versicherers so weit zu ändern, daß sie den Ansprüchen der Billigkeit genügen. Die Entscheidung darüber steht dem gemischten Gerichtshof (vgl. § 35) zu (Friedensvertrag Art. 304 b, Abs. 2), es sei denn, daß die Gesetze der beteiligten alliierten oder assoziierten Macht die Zuständigkeit des staatlichen Gerichts dieser Mächte bestimmen.

Endlich kann der ursprüngliche Versicherer, wenn der Versicherte dem zustimmt, verlangen, daß er wieder in das Vertragsverhältnis eingesetzt werde. Die Rückübertragung wird dann mit der Stellung dieses Antrages wirksam. Auch über dieses Verlangen entscheidet in Streitfällen der gemischte Gerichtshof mit der im vorstehenden Absatz erwähnten Maßgabe.

2. Lebensversicherungen.

a) Als Lebensversicherungsverträge bezeichnet der Friedensvertrag Verträge, bei denen die Berechnung der gegenseitigen Verpflichtung beider Parteien auf der Wahrscheinlichkeit der menschlichen Lebensdauer, verbunden mit dem Zinsfuß, beruht.

Dahin gehören also beispielsweise nicht Tontinenverträge, Kranken- und Unfallversicherungsverträge, weil bei ihnen die wahrscheinliche Lebensdauer für die Bemessung der Leistung weder des einen noch des anderen Teiles entscheidend ist.

b) Versicherungsverträge, die hiernach als Lebensversicherungsverträge im Sinne des Friedensvertrages nicht gelten, sind wie Feuerversicherungsverträge zu behandeln.

Für die echten Lebensversicherungsverträge im Sinne des Vertrages aber gilt folgendes:

Auch diese Verträge gelten als durch die Kriegserklärung und die Tatsache, daß der Versicherungsnehmer Feind wird, nicht als aufgehoben. Die während des Krieges fällig gewordenen Beträge, also sowohl Prämien, wie auch die Leistungen des Versicherers sind nach dem Kriege mit 5 % Zinsen nachzuzahlen. Diese Bestimmung des Zinsfußes tritt also an Stelle etwa abweichender Bestimmungen des Versicherungsvertrages.

Gesetz und Vertrag enthalten der Regel nach bei der Lebensversicherung die Bestimmung, daß Unterlassung der rechtzeitigen Prämienzahlung oder Nichterfüllung sonstiger Vertragsverbindlichkeiten (Unterlassung der Gefahr-Erhöhung, Anzeigepflicht usw.) den Vertrag hinfällig oder unwirksam mache oder den Versicherer von seiner Vertragspflicht befreie, sei es alsbald, sei es nach vorheriger Anzeige oder Kündigung (z. B. Deutsches Versicherungsvertragsgesetz § 39).

Für diese Fälle hat der Krieg eine besondere Sachlage geschaffen; auf der einen Seite kann dem Versicherten die Erfüllung seiner Verbindlichkeiten durch Kriegsmaßnahmen, wie Zahlungsverbote, Unterbrechung der Postverbindung, auf der anderen Seite kann dem Versicherer die Anzeige oder Kündigung unmöglich gemacht worden sein. Eine einheitliche Regelung für alle diese Fälle enthält der Friedensvertrag nicht.

In den Fällen, in welchen die Versicherer trotz Nichtzahlung der Prämien an den Vertrag gebunden bleiben, bis dem Versicherten der Rücktritt erklärt ist, ist der Versicherer, wenn er infolge des Krieges diese Erklärung nicht abgeben konnte, berechtigt, die nichtbezahlten Prämien nebst 5 % Zinsen zu fordern. Das ist, abgesehen etwa von der Höhe des Zinsfußes, selbstverständlich, erledigt aber nicht die Frage, ob der Versicherer nach Wegfall der Unmöglichkeit seiner Anzeige oder Kündigung den Rücktritt erklären kann. Man wird die Frage, gerade weil der Friedensvertrag nichts anderes bestimmt, und der Versicherungsvertrag als durch den Krieg nicht aufgehoben gilt, bejahen müssen.

Wenn die Unterlassung der Prämienzahlung auf der Anwendung von Kriegsmaßnahmen (Zahlungsverbot, Unterbrechung der Postverbindung, Unmöglichkeit von Geldüberweisungen) beruht, ist der Versicherte berechtigt, innerhalb 3 Monaten nach Inkrafttreten des Friedensvertrages den Versicherungsvertrag dadurch wieder in Kraft zu setzen, daß er die etwa rückständigen Prämien mit 5 %

Zinsen zahlt. Die Ausdrucksweise ist ungenau; der Versicherte muß erklären, daß er die Wiederinkraftsetzung des Versicherungsvertrages verlangt und fristgerecht innerhalb 3 Monaten die Prämien mit Zinsen zahlen. Nicht entschieden ist die Frage, ob der Versicherer haftet, wenn der Versicherungsfall in der Zeit zwischen der Fälligkeit der nichtbezahlten Prämien und der Stellung des Verlangens auf Wiederinkraftsetzung eingetreten ist. Die Frage wird aber zu verneinen sein, denn der Vertrag ist doch nun einmal in dem hier gesetzten Falle durch die Unterlassung der Prämienzahlung hinfällig geworden und die Wiederinkraftsetzung kann nicht rückwirkende Kraft haben, wenn dies nicht ausdrücklich bestimmt ist.

Der Vertrag hebt ausdrücklich hervor, daß neben dem Versicherten auch seine Vertreter oder Rechtsnachfolger das gleiche Recht haben. Es ist dies wohl selbstverständlich; um ein höchst persönliches Recht handelt es sich nicht.

Für den Fall, daß der Versicherungsnehmer andere Verbindlichkeiten als die der Prämienzahlung infolge von Kriegsereignissen nicht erfüllen, also beispielsweise der Anzeigepflicht nicht genügen konnte und deshalb der Vertrag hinfällig geworden ist, ist die gleiche Berechtigung, die Wiederherstellung des Vertrages zu verlangen, nicht getroffen.

In allen Fällen aber, in denen der Vertrag während des Krieges infolge Unterlassung der Prämienzahlung oder der Nichterfüllung von Vertragsbestimmungen hinfällig oder unwirksam geworden ist, ist der Versicherte berechtigt, den Rückkaufswert zu fordern, sofern er dieses Verlangen binnen 12 Monaten nach Inkrafttreten des Friedensvertrages geltend macht.

Auch die Ansprüche, die hier erörtert sind, unterstehen der Zuständigkeit des gemischten Schiedsgerichtshofes.

c) Eine besonders schwer verständliche Bestimmung enthält der Vertrag noch für den Fall, daß ein Lebensversicherungsvertrag von einer Zweigstelle einer Versicherungsgesellschaft geschlossen ist, deren Hauptniederlassung sich in einem in der Folge feindlich gewordenen Lande befindet, also beispielsweise von der Pariser Zweigstelle einer deutschen oder der Berliner Zweigstelle einer englischen Gesellschaft. Ein solcher Vertrag soll, wenn der Vertrag selbst nichts anderes bestimmt, „dem Gesetze des Ortes" unterliegen (la loi locale, the local law). Welches Ortes? Gemeint ist wohl das Recht des Ortes der Zweigniederlassung, die den Vertrag geschlossen hat, wie dies auch der Sachlage entspricht.

Im Anschlusse daran folgt die weitere Bestimmung, daß der Versicherer berechtigt sein soll, von dem Versicherten oder seinen Vertretern Erstattung von Zahlungen zu verlangen, wenn auf Ansprüche, die im Widerspruch zu dem Vertrage und den zur Zeit seines Abschlusses geltenden Gesetzen und Abmachungen auf Grund von Kriegsmaßnahmen erhoben und durchgesetzt sind, Zahlungen geleistet sind.

Gedacht ist scheinbar an den Fall, daß durch Kriegsmaßnahmen, die für den Ort der Zweigniederlassung ergangen sind, Zahlungen erzwungen worden sind, die sonst nach dem Vertrage nicht geschuldet sein würden. Dabei ist nur an Zahlungen des Versicherers gedacht, denn nur diesem ist das Recht auf Erstattung beigelegt. Es kann sich also nur um eine Zahlung für den Fall des Eintritts des Versicherungsfalles oder auch um Zahlung des Rückkaufswertes gehandelt haben.

Nicht recht verständlich ist es, wenn dabei der Versicherte oder dessen Vertreter als derjenige bezeichnet wird, der die Zahlungen zu erstatten hat. Passiv legitimiert für den Anspruch ist nur der Versicherte selbst; der Vertreter kann, je nach dem Umfang und der Art seiner Vertretungsbefugnis unter Umständen befugt und verpflichtet sein, im Streit den Versicherten zu vertreten, haftet aber nicht selbst für die Schuld.

d) Alles dies gilt aber nur mit einer Maßgabe, die für die deutschen Versicherungsgesellschaften besonders hart ist.

Jede alliierte und assoziierte Macht ist nämlich berechtigt, binnen drei Monaten nach Inkrafttreten des Friedensvertrages alle laufenden Lebensversicherungsverträge zwischen einer deutschen Versicherungsgesellschaft und ihren Staatsangehörigen aufzulösen. Diese Befugnis bezieht sich nur auf die laufenden Verträge; diejenigen Verträge also, die während des Krieges infolge unterlassener Prämienzahlung oder infolge der Nichterfüllung von anderen Vertragspflichten hinfällig geworden sind, kommen nicht mehr in Betracht.

Ob die Befugnis der alliierten oder assoziierten Macht nur für die Gesamtheit der laufenden Versicherungsverträge zwischen einer deutschen Gesellschaft und den Angehörigen der anderen Macht ausgeübt werden kann oder ob die alliierte oder assoziierte Macht sich aussuchen kann, welche von den Verträgen sie auflösen will, ist nicht ausdrücklich gesagt.

Indessen, da die Bestimmung den Zweck hat, die Staatsangehörigen der alliierten und assoziierten Mächte von den deutschen Versicherungsgesellschaften loszulösen, also einen bestimmten Teil der deutschen Lebensversicherungspolicen von den übrigen zu trennen, muß angenommen werden, daß es dem Ermessen der alliierten und assoziierten Mächte überlassen bleibt, welche Lebensversicherungsverträge sie auflösen wollen. Es kann auch nicht füglich die Absicht sein, diejenigen Lebensversicherten, welche die Loslösung von der deutschen Gesellschaft nicht wünschen, welche vielleicht in Deutschland wohnen und ihren Wohnsitz behalten, wider ihren Willen zur Auflösung des Vertrages zu zwingen.

Dafür, daß nicht die Gesamtheit der bei der Gesellschaft laufenden Versicherungsverträge, sondern nur bestimmte einzelne Verträge der Auflösung unterworfen werden können, spricht auch der Inhalt des § 22 der Anlage zu Art. 299—303, wonach die Auflösungsbefugnis sich auch bezieht auf Rückversicherungsverträge, welche eine deutsche Gesellschaft auf einen Lebensversicherungsvertrag durch einen besonderen, nicht in einem allgemeinen Rückversicherungsvertrag enthaltenen Vertrag abgeschlossen hat.

Die Frist zur Ausübung des Rechts auf Auflösung dieser Verträge ist auf 3 Monate nach Inkrafttreten des Friedensvertrages bemessen. Es besteht keine Sicherheit dafür, daß bis dahin die gegnerische Macht eine sichere und erschöpfende Kenntnis davon haben wird, welche Lebensversicherungsverträge der bezeichneten Art laufen. Ob sich die Verpflichtung Deutschlands, die in Händen seiner Angehörigen befindlichen Verträge, Bescheinigungen, Urkunden und sonstigen Eigentumstitel, die sich auf Güter, Rechte und Interessen auf dem Gebiete der gegnerischen Macht beziehen, dieser Macht zu übermitteln (§ 10 der Anlage zu Art. 298, vgl. oben § 12), auch auf Urkunden, betreffend die Versicherungen bezieht, welche Angehörige des gegnerischen Staates bei deutschen Versicherungsgesellschaften haben, ist mindestens zweifelhaft; die Verpflichtung ist aber überdies erst in der längeren Frist von 6 Monaten zu erfüllen. Aber der Regel nach sind allerdings die Verträge deutscher Gesellschaften mit gegnerischen Staatsangehörigen, soweit es sich um die im gegnerischen Staate selbst wohnhaften Personen handelt, durch die im gegnerischen Staate befindliche Agentur geschlossen (vgl. z. B.

Wirtschaftskrieg, Abteilung Frankreich S. 176), und diese Agenturen, die zum Teil während des Krieges in Sequestration genommen sind, sind dem gegnerischen Staate bekannt, seine Akten dem gegnerischen Staate zugänglich.

Macht der gegnerische Staat von der ihm hier beigelegten Befugnis Gebrauch, so erfolgt die Auflösung der Verträge unter solchen Bedingungen, daß die Staatsangehörigen der gegnerischen Macht vor jedem Schaden bewahrt bleiben. Die deutsche Versicherungsgesellschaft wird von jeder Verpflichtung aus allen so aufgelösten Versicherungsverträgen entbunden; sie hat aber der gegnerischen Macht den auf diese Policen verhältnismäßig entfallenden Teil ihres Vermögens zu übertragen. Es ist zweifelhaft, ob dabei an die für die einzelnen Versicherungen bestimmten Prämienreserven oder auch an weitere Mehrbeträge gedacht ist. Für die erstere Annahme spricht die Art, in der der zu übertragende Vermögensteil festgesetzt werden soll.

Der zu übertragende Vermögensteil wird nämlich durch einen von dem gemischten Schiedsgerichtshof ernannten Rechnungsbeamten festgesetzt. Dieser Rechnungsbeamte erhält angesichts der Bestimmung des Friedensvertrages eine geradezu souveräne Macht. Es wird Sache der deutschen Regierung sein, durch Ausführungsverträge oder durch Ausführungsgesetze die deutschen Versicherungsgesellschaften vor allzu großer Schädigung durch die Ausführung dieser Vorschrift zu bewahren.

3. Seeversicherungen.

Seeversicherungen erforderten im Friedensvertrage eine besondere Behandlung, denn da sie sich, wenn nichts anderes vereinbart, auch auf die Kriegsgefahr erstrecken, wäre ein unlösbarer Konflikt zwischen dem aus der Versicherung folgenden Recht des Versicherungsnehmers oder des Versicherten einerseits, dem staatlichen Seebeuterecht und Prisenrecht andererseits entstanden, wenn grundsätzlich Seeversicherungsverträge durch den Krieg nicht hätten berührt werden sollen.

Daher bestimmt der Friedensvertrag zunächst für den Fall des Abschlusses eines Seeversicherungsvertrages mit einem Versicherten, der nach Abschluß des Vertrages Feind wurde (vgl. oben § 18), daß der Vertrag keine Haftung begründet für Verluste, welche durch Kriegshandlungen der Macht, der der Versicherer angehört, oder einer mit ihr alliierten oder assoziierten Macht verursacht sind. Dies gilt auch dann, wenn bei Abschluß des Vertrages die Seegefahr bereits begonnen hatte. Dieselbe Bestimmung gilt auch für Rückversicherungsverträge für Seeversicherungsgefahr; der Rückversicherer haftet also nicht für Verluste durch Kriegshandlungen seines Staates oder der Verbündeten dieses seines Staates.

Der Ausdruck „alliierte und assoziierte Macht", der im Vertrage sonst nur für die Deutschland feindlichen Mächte gebraucht wird, hat hier eine weitergehende Bedeutung; er bezieht sich auch auf die mit Deutschland verbündet gewesenen Mächte. Aus einem Seeversicherungsvertrage, geschlossen zwischen einer deutschen Versicherungsgesellschaft und einem italienischen Versicherten, können also Ansprüche auch dann nicht hergeleitet werden, wenn das italienische Schiff durch ein österreichisches Kriegsschiff zerstört oder beschädigt worden ist.

Freilich wird die Frage, ob eine derartige nicht entschädigungspflichtige Kriegshandlung vorliegt, vielfach tatsächlich durchaus zweifelhaft sein. Denn der Grund des Unterganges des Schiffes, das verschollen ist, wird nicht stets festzustellen sein, die Frage, wer die Mine gelegt hat, der das Schiff zum Opfer fiel, wird zweifelhaft bleiben. Beweispflichtig ist der Versicherer, der seine Zahlungspflicht ablehnen will. Er hat nachzuweisen, daß ein die Haftung ausschließender Fall vorliegt.

Abgesehen von dieser allgemeinen Regel und soweit es sich nicht um solche Schäden durch Kriegshandlungen eines Gegners derjenigen Macht handelt, der der Versicherer angehört, richtet sich die Frage, ob Seeversicherungsverträge, die geschlossen sind, bevor der Versicherungsnehmer Feind wurde, durch den Eintritt der Feindeseigenschaft ihre Wirkung verlieren, danach, ob im Augenblick des Eintritts der Feindeseigenschaft die Gefahr schon begonnen hatte. War dies der Fall, so bleibt der Vertrag rechtsbeständig und die beiderseitigen Leistungen, die Prämie einerseits, die etwa für Seeschäden zu zahlenden Summen andererseits, werden mit Inkrafttreten des Friedensvertrages fällig.

Hatte dagegen die Gefahr vor Eintritt der Feindeseigenschaft des Versicherungsnehmers noch nicht begonnen, so gilt der Vertrag als mit dem Eintritt der Feindeseigenschaft aufgelöst und der Versicherer hat die als Prämie oder sonst gezahlten Summen zu erstatten.

Da im Augenblick des Eintritts der Feindeseigenschaft der vielen Millionen, die im Laufe des Weltkrieges diese Eigenschaft erlangt haben, zahlreiche Seeversicherungsverträge liefen, haben die Versicherungsnehmer angesichts der durch die Sachlage geschaffenen Ungewißheit vielfach nach Eröffnung der Feindseligkeiten neue Verträge zur Deckung derselben Gefahr bei einem nicht feindlichen Versicherer geschlossen und es ist dadurch zur Doppelversicherung gekommen.

Die Frage, ob eine solche Doppelversicherung rechtsgültig ist, würde sich, wenn nichts anderes bestimmt wäre, nach dem Einzelrecht desjenigen Ortes richten, dem der einzelne Versicherungsvertrag unterliegt.[1]) Bei der durch den Krieg geschaffenen Sachlage hätte die einzelrechtliche Regelung des Falles zu Unbilligkeiten geführt. Der Friedensvertrag bestimmt daher ganz allgemein, daß in dem angegebenen Falle vom Tage des Abschlusses der zweiten Versicherung an dieser zweite Versicherungsvertrag an die Stelle des ersten tritt; der ursprüngliche Versicherer haftet nur bis zu dem Zeitpunkte, zu welchem der neue Vertrag geschlossen wurde und hat die Prämien nur für die Zeit bis dahin zu fordern; der neue Versicherer kann den Einwand der Doppelversicherung nicht geltend machen.

Daraus werden sich Ausgleichsansprüche zwischen dem ersten Versicherer und dem Versicherungsnehmer einerseits, dem letzteren und dem zweiten Versicherer andererseits, aber auch zwischen den beiden Versicherern ergeben, Ausgleichungsansprüche, die wiederum, soweit es sich um Streitigkeiten mit Angehörigen einer bisher feindlich gewesenen Macht handelt, vor den gemischten Schiedsgerichtshof gehören.

Dabei ist es denkbar, daß mehrere derartige Doppelversicherungen einander folgen. Beispiel: Ein italienischer Versicherungsnehmer hatte Seeversicherung genommen bei einer österreichischen Gesellschaft; nach Ausbruch des Krieges zwischen Österreich und Italien hat er anderweit Versicherung genommen bei einer deutschen Gesellschaft; schließlich hat er nach Ausbruch des Krieges zwischen Deutschland und Italien bei einer holländischen Gesellschaft Deckung genommen. Da Holland am Friedensschlusse nicht beteiligt, also

[1]) Vgl. Handelsgesetzbuch §§ 788 ff. und das diese ersetzende Gesetz vom 30. Mai 1908, betreffend Änderung der Vorschriften des Handelsgesetzbuchs über die Seeversicherung vom 30. Mai 1908, Reichsgesetzblatt S. 307.

dessen Bestimmungen und der Gerichtsbarkeit des gemischten Schiedsgerichtshofes nicht unterworfen ist, ist die Möglichkeit, daß widersprechende Entscheidungen ergehen, nicht ausgeschlossen.

Diese Bestimmung gilt auch für Rückversicherungsverträge für Seeversicherungsgefahr. Hat also der Rückversicherte für die von ihm in Deckung genommenen Seeschäden vor dem Kriege mit einem in der Folge feindlich gewordenen Rückversicherer einen Rückversicherungsvertrag geschlossen und nach dem Eintritt der Feindeseigenschaft dieses Rückversicherers für dieselben Seeschäden einen neuen Rückversicherungsvertrag geschlossen, so gilt der erste Rückversicherungsvertrag von dem Tage des Abschlusses des zweiten an als erloschen und der neue Rückversicherungsvertrag tritt an Stelle des ersten. Selbstverständlich gilt auch dies nur im Verhältnis der Staatsangehörigen derjenigen Staaten, die am Friedensvertrage beteiligt sind.

4. Rückversicherungen.

Bei den Rückversicherungen werden a) Lebensversicherungen, b) Seeversicherungen, c) Feuer- und andere Versicherungen unter sich verschieden behandelt.

a) Ist die Rückversicherung eines Lebensversicherungsvertrages auf Grund eines besonderen Vertrages abgeschlossen, nicht als Teil eines allgemeinen Rückversicherungsvertrages, so bleibt diese besondere Rückversicherung unbedingt in Kraft.

Das Recht der alliierten und assoziierten Mächte, die Lebensversicherungsverträge der deutschen Gesellschaften aufzulösen (vgl. oben 2 d), bleibt dadurch unberührt.

Allgemeine Rückversicherungsverträge gelten als durch den Eintritt der Feindeseigenschaft eines Vertragsteiles als aufgehoben, aber wenn die Lebensversicherungsgefahr schon vor dem Kriege begonnen hatte, kann der Rückversicherte die Zahlung der aus der Haftung für diese Gefahr seinerseits geschuldeten Summen nach dem Kriege von dem Rückversicherer fordern und schuldet die entsprechenden Prämien.

Es entspricht dies der oben (2 b) erwähnten Bestimmung, daß auch der Lebensversicherungsvertrag bestehen bleibt.

Zwischen Rückversicherten und Rückversicherer findet dann eine Abrechnung statt, einerseits über die Prämien, welche der Rückversicherte gezahlt hat und noch zu zahlen hat, andererseits über die Beträge, welche der Rückversicherer mit Rücksicht darauf, daß er für die vor dem Kriege begonnenen Risiken haftpflichtig bleibt, zu zahlen hat.

Vergleiche noch unten zu d.

b) Bei Seeversicherungs-Rückversicherungen gelten zunächst die oben zu 3 erörterten Bestimmungen über den Ausschluß der Haftung für Verluste, die die eigene Kriegführung herbeigeführt hat, und für den Ersatz einer alten durch eine neue Versicherung.

Sodann kommt es, wenn ein einzelner Seeversicherungsvertrag rückversichert worden ist, darauf an, ob die Gefahr vor Beginn der Feindseligkeiten bereits begonnen hatte. In diesem Falle bleibt der Rückversicherungsvertrag in Kraft und die aus ihm geschuldeten Summen an Prämien wie an Ersatz für Verluste werden nach dem Kriege fällig.

Die allgemeinen Rückversicherungsverträge über Seeversicherungen gelten als durch den Eintritt der Feindeseigenschaft der anderen Vertragspartei aufgehoben; hatte aber die rückversicherte Seeversicherungsgefahr vorher schon begonnen, so kann der Rückversicherte nach dem Kriege, wie zu a die Zahlung der aus der Haftung für diese Gefahr ihm zustehenden Summen von dem Rückversicherer fordern. Unter Berücksichtigung dieser Haftung und der gezahlten und zu zahlenden Prämien findet die Abrechnung wie zu a statt.

c) Bei Feuer- und anderen Versicherungen (mit Ausnahme der Lebens- und Seeversicherungen) gilt der Rückversicherungsvertrag als mit dem Eintritt der Feindeseigenschaft der Vertragsparteien als aufgehoben. Der Rückversicherer haftet aber für eine Gefahr, die vor dem Kriege begonnen hatte, bis zu dem Zeitpunkte, wo die Parteien des Rückversicherungsvertrages Feinde wurden, und muß nach dem Kriege die dadurch geschuldeten Ersatzsummen bezahlen. Für spätere Verluste haftet er nicht.

Mit dieser Maßgabe findet die Abrechnung wie zu a zwischen Rückversicherer und Rückversicherten statt.

d) Alles dies zu a—c gilt aber mit einer Einschränkung:

Die Aufhebung der Rückversicherungsverträge, die danach eintreten würde, tritt nämlich nicht ein, wenn es dem Rückversicherten „infolge feindlichen Einfalles" (par suite de l'invasion, owing to invasion) nicht möglich war, einen anderen Rückversicherer zu finden. In diesem Falle bleibt der Rückversicherungsvertrag bis zum Ablaufe von 3 Monaten seit Inkrafttreten des Friedensvertrages in Kraft und gilt erst nach Ablauf dieser 3 Monate als aufgehoben.

Wann eine solche Unmöglichkeit eingetreten ist, läßt sich schwer allgemein sagen. Man wird die Unmöglichkeit annehmen, wenn die versicherten Risiken sich in dem von dem feindlichen Einfall überzogenen Gebieten befinden, dann aber auch, wenn der Rückversicherungsnehmer durch den feindlichen Einfall von der Postverbindung abgeschlossen war oder infolge von Kriegsmaßnahmen seine Geschäfte nicht betreiben konnte. Die ganze Bestimmung schafft aber ein sehr hohes Maß von Rechtsunsicherheit und Unklarheit.

Die Entscheidung über die Streitfrage gebührt wiederum dem gemischten Schiedsgerichtshof (vgl. unten § 35).

§ 23.

Verjährungs- und Ausschlußfristen.

1. Die deutsche Kriegsgesetzgebung traf in bezug auf die Verjährung Bestimmungen in drei Richtungen.

a) Erstlich wurde, beginnend mit der Verordnung vom 22. Dezember 1914 (Reichsgesetzblatt S. 543) und dann von Jahr zu Jahr ständig verlängert, bestimmt, daß die der kurzen zwei- oder vierjährigen Verjährung unterliegenden Ansprüche (Bürgerliches Gesetzbuch §§ 196, 197), soweit sie nicht bereits verjährt waren, nicht vor dem Schlusse des Jahres 1919 verjähren. Dasselbe wurde für die in den §§ 901, 902, 904, Abs. 2 HGB. bezeichneten Ansprüche bestimmt mit Ausnahme der Entschädigungsforderungen aus einem Zusammenstoß von Schiffen oder aus einem unter § 738 Handelsgesetzbuch fallenden Ereignis sowie der Forderungen auf Berge- oder Hilfslohn.

b) Sodann wurde durch § 8 des Gesetzes vom 4. August 1914 die Verjährung zugunsten der Kriegsteilnehmer, Kriegsgefangenen, Geiseln usw. und ihrer Gegner gehemmt bis zur Beendigung des Kriegszustandes oder des sonstigen Verhältnisses, welches die besondere Behandlung der beteiligten Personen begründete.

Die gleiche Hemmung wurde angeordnet für die gesetzlich für die Beschreitung des Rechtsweges vorgeschriebenen Ausschlußfristen (Enteignungs-, Pensionsgesetze usw.) und die Fristen, auf welche die Vorschriften des § 203 des Bürgerlichen Gesetzbuches ganz oder teilweise entsprechende Anwendung finden.

Durch Verordnungen vom 5. Juli 1917 (Reichsgesetzblatt S. 590) wurde gegenüber Kriegsteilnehmern eine Erstreckung der

Anfechtungsfristen gegenüber anfechtbaren Rechtshandlungen der Kriegsteilnehmer angeordnet.

Endlich wurde bei Auslandswechseln und elsaß-lothringischen Wechseln die Verjährungsfrist verlängert (vgl. oben § 22).

c) Endlich führte die Bestimmung, daß Personen, die im Auslande ihren Wohnsitz haben, abgesehen von den teils allgemeinen, teils für besondere Fälle zugelassenen Ausnahmen, vermögensrechtliche Ansprüche, die vor dem Kriege entstanden waren, vor deutschen Gerichten nicht geltend machen dürfen (Verordnung vom 7. August 1914, und die die Frist weiter verlängernden späteren Verordnungen), sowie der Erlaß von Zahlungsverboten gegen das feindliche Ausland und die damit verbundene Bestimmung, daß die Ansprüche, deren Zahlung verboten war, als gestundet gelten, vermöge der Bestimmungen der §§ 202, 203 des Bürgerlichen Gesetzbuches zu einer Hemmung der Verjährung der Ansprüche der im Auslande wohnhaften Personen.

Nur ein Teil dieser Bestimmungen behandelte also Auslands-Ansprüche und auch bei diesen Ansprüchen kam es fast stets nicht sowohl auf die Staatsangehörigkeit als vielmehr auf den Wohnsitz des Gläubigers oder des Schuldners an.

2. Der Friedensvertrag enthält eine Regelung, die teilweise weiter geht, teilweise hinter den vorstehenden Vorschriften zurückbleibt.

Er erklärt zunächst alle Verjährungs-, Ausschluß- und Verfallfristen, gleichviel, ob ihr Beginn in die Zeit vor dem Kriege oder in die Zeit während des Krieges fällt, im Verhältnis zwischen Feinden für die Kriegsdauer für gehemmt.

Der Begriff des Krieges und der Begriff der Feinde ist dabei der in § 18 erörterte.

Soweit es sich aber dabei um Fristen für Ansprüche aus Verträgen handelt, findet diese Bestimmung auf Verträge zwischen Staatsangehörigen der Vereinigten Staaten von Amerika, Brasiliens und Japans mit deutschen Reichsangehörigen keine Anwendung.

Für Elsaß-Lothringen gilt die Hemmung der Fristen nur für die Zeit vom 11. November 1918 (Waffenstillstandsvertrag) bis zum Inkrafttreten des Friedensvertrages.

Die Hemmung gilt auch für die Fristen zur Vorlegung von Zins- und Dividendenscheinen, ausgelosten oder sonst zahlbaren Wertpapieren.[1])

Ob und welche Fristen neben den letzteren ausdrücklich hervorgehobenen Fristen und neben den reinen Verjährungs- und Ausschluß- (Präklusions-) Fristen etwa gemeint sind, kann zweifelhaft sein, zumal da auch hier der französische und der englische Text nicht ganz miteinander übereinstimmen. Die amtliche deutsche Übersetzung spricht von Verjährungs-, Ausschluß- und Verfallfristen, der französische Text von délais de prescription, péremption ou forclusion de procédure, der englische Text von prescription or limitation of right of action. Prescription bedeutet sicherlich in beiden Sprachen Verjährung, limitation of right of action, die erlöschende Verjährung, aber wohl auch den Ablauf einer Ausschlußfrist; das letztere ist auch die Bedeutung der forclusion de procedure, während péremption[2]) den Ausschluß der Fortsetzung des Verfahrens, weil es während bestimmter Zeit nicht aufgenommen wird, bedeutet. Sicher bezieht sich also die Bestimmung auf alle Verjährungs- und Ausschlußfristen.

Der Friedensvertrag hebt ferner ausdrücklich hervor, daß die Fristen „auf dem Gebiete der vertragschließenden Teile" gehemmt sind, eine im Grunde genommen selbstverständliche Einschränkung. Denn die neutralen, am Friedensschlusse nicht beteiligten Staaten sind natürlich durch den Friedensvertrag nicht gebunden.

Die Fristen beginnen neu zu laufen frühestens 3 Monate nach Inkrafttreten des Friedensvertrages, für Handelspapiere frühestens 3 Monate nach dem Tage, an dem die Ausnahmevorschriften, die in den Gebieten der beteiligten Mächte bezüglich der Handelspapiere erlassen worden sind (vgl. oben § 22) endgültig außer Kraft getreten sind. Der Ausdruck „frühestens" will besagen, daß der Fristenlauf erst später wieder anfängt, wenn die Vertragsabrede, ihre Zulässigkeit vorausgesetzt, oder das Recht des Einzelstaates etwas anderes bestimmt. Ob eine solche anderweite Bestimmung für Deutschland vorliegen wird, wird davon abhängen, wann der Friedensvertrag in Kraft tritt (Verordnung vom 31. Oktober 1918 und für elsaß-lothringische Wechsel und Schecks vom gleichen Tage, Reichsgesetz-

[1]) Vgl. Bürgerliches Gesetzbuch §§ 801 ff.

[2]) Dictionnaire de l'academie francaise, 7. Auflage.

blatt S. 1283 und 1282, vom 9. Februar und 4. Mai 1919), auch für Seeversicherungsrecht (S. 186 und 476).

§ 24.
Urteile und Zwangsvollstreckungen.

I. Die Frage, ob und wieweit Urteile des einen Staates in dem Gebiete des anderen Staates Rechtskraft erlangten und vollstreckbar waren, war vor dem Kriege dem einzelstaatlichen Recht und den internationalen Verträgen zwischen den Staaten überlassen. Für Deutschland galten in dieser Richtung §§ 328, 722, 723 der Zivilprozeßordnung und eine Reihe von Einzelverträgen.[1]) Eine umfassendere internationale Regelung erfuhr das Ehescheidungsrecht durch das Haager Abkommen vom 12. Juni 1902 zur Regelung des Geltungsbereichs der Gesetze und der Gerichtsbarkeit auf dem Gebiete der Ehescheidung und der Trennung von Tisch und Bett, welches den Ehescheidungsurteilen der beteiligten Staaten unter bestimmten Voraussetzungen allgemeine Anerkennung in den anderen Vertragsstaaten zusicherte, und das Haager Abkommen über die Entmündigung vom 17. Juli 1905, welches einer in dem einen Vertragsstaate ausgesprochenen Entmündigung unter bestimmten Voraussetzungen auch in den anderen Vertragsstaaten Wirksamkeit beilegte (Reichsgesetzblatt 1904 S. 231 und 1912 S. 463). Von den am Friedensvertrage beteiligten Staaten waren dem ersten Abkommen beigetreten Deutschland, Belgien, Frankreich, Portugal, Rumänien, Italien, dem letzteren Abkommen Deutschland, Frankreich, Italien, Portugal, Rumänien. Frankreich hatte das erstere Abkommen bereits vom 1. Juni 1914 aufgekündigt, Belgien hat es am 1. November 1918 ebenfalls gekündigt (Reichsgesetzblatt 19 S. 197).

Die deutsche Verordnung, betreffend Verträge mit feindlichen Staatsangehörigen, vom 16. Dezember 1916 (Reichsgesetzblatt S. 1396) erweiterte dann die Zuständigkeit der deutschen Gerichte für Streitigkeiten über die Einwirkung des Krieges auf die Rechte und Pflichten aus Verträgen eines Deutschen mit einem Angehörigen eines feindlichen Staates.

---

[1]) Vgl. die umfassende Zusammenstellung bei Kann-Förster, Zivilprozeßordnung zu § 328.

II. Der Friedensvertrag behandelt in bezug auf die gerichtlichen Urteile die deutschen Gerichte und die Gerichte der alliierten und assoziierten Mächte verschieden.

1. Die Frage, ob diejenigen Urteile der Gerichte der alliierten und assoziierten Mächte, die während des Krieges ergangen sind, gegenüber deutschen Staatsangehörigen rechtswirksam und vollstreckbar sind, ist im Friedensvertrage nicht behandelt; sie ist also nach denselben Grundsätzen wie früher zu entscheiden.

2. Soweit nach dem Friedensvertrage ein Gericht einer alliierten oder assoziierten Macht zuständig ist, schafft sein Urteil in Deutschland ohne weiteres Rechtskraft und ist ohne weitere Vollstreckbarkeits-Erklärung vollstreckbar.

Für die nach dem Friedensvertrage ergehenden Urteile der nach dem Vertrage zuständigen fremden Gerichte werden also die zu 1 erwähnten Bestimmungen des deutschen Rechts, insbesondere § 328 der Zivilprozeßordnung, beseitigt.

Zuständig nach dem Friedensvertrage sind die Gerichte einer alliierten und assoziierten Macht

a) im Forderungs-Prüfungs- und Ausgleichungsverfahren, wenn das Gläubigeramt es verlangt, unter den in § 15 angegebenen Voraussetzungen,
b) der Pariser Kassationshof in den nachstehend zu c erörterten Fällen,
c) bei dem Einspruch gegen eine deutsche Zwangsvollstreckungsmaßnahme (vgl. unten zu 5),
d) wenn bei der Frage der Übertragung von Versicherungen auf einen anderen Versicherer die einzelstaatlichen Gesetze die Zuständigkeit des einzelstaatlichen Gerichts festlegen (vgl. oben § 22),
e) für die Festsetzung der Bedingungen eines Lizenzvertrages (vgl. § 30).

Der gemischte Schiedsgerichtshof (§ 35) gehört nicht zu den Gerichten einer alliierten oder assoziierten Macht. Seine Entscheidungen fallen also nicht unter die hier behandelte Bestimmung. Aber die Parteien des Friedensvertrages haben vereinbart, die Entscheidungen des gemischten Schiedsgerichtshofes als endgültig zu betrachten und ihnen verbindliche Kraft für ihre Staatsangehörigen zu verleihen. Hier wird also das deutsche Ausführungsgesetz sicherlich bestimmen, daß die Urteile dieses Schiedsgerichtshofes ohne weiteres vollstreckbar sind.

3. Von den Urteilen deutscher Gerichte, die während des Krieges ergangen sind, erfahren die Urteile der elsaß-lothringischen Gerichte eine besondere Behandlung.

a) Urteile, die seit dem 3. August 1914, d. h. seit der Kriegserklärung an Frankreich zwischen Elsaß-Lothringern einerseits und Deutschen oder Angehörigen der mit Deutschland verbündeten Mächte andererseits ergangen und vor dem 11. November 1918, dem Tage des Waffenstillstandes rechtskräftig geworden sind, sind erst vollstreckbar, wenn das entsprechende neue, französische Gericht Elsaß-Lothringens das Vollstreckungsurteil erlassen hat. Der Tag des Waffenstillstandes ist der Stichtag, weil Elsaß-Lothringen mit Wirkung von diesem Tage an unter die französische Souveränität gefallen ist (Art. 51). Die durch den Friedensvertrag zu Elsaß-Lothringern gewordenen Personen gelten natürlich im Sinne dieser Bestimmung nicht als Deutsche.

Beispielsweise wird also ein rechtskräftiges Berufungsurteil des Landgerichts Metz vom 1. April 1915, obwohl es nach deutschem Recht nicht mehr anfechtbar und vollstreckbar ist, nicht mehr vollstreckt werden dürfen und auch die deutschen Behörden werden sich, da sie der Friedensvertrag bindet, nach dieser Bestimmung richten müssen. Auch in Deutschland wird ein deutscher Gerichtsvollzieher oder ein deutsches Gericht ein solches Urteil nicht vollstrecken dürfen, wenn es sich nicht des Verstoßes gegen den von Deutschland angenommenen Friedensvertrag schuldig machen will und der Schuldner, gegen den ohne den Erlaß eines französischen Vollstreckungsurteils vollstreckt wird, hat den Rechtsbehelf aus § 766 Zivilprozeßordnung.

Die Vorschrift kommt aber auch dem deutschen Schuldner zugute; auch der zum Franzosen gewordene Elsaß-Lothringer kann in Deutschland nicht mehr vollstrecken, ohne ein neues französisches Vollstreckungsurteil erlangt zu haben.

b) Im übrigen gelten die zu a erwähnten Urteile ohne weiteres als vollstreckbar und sie sind rechtskräftig und endgültig.

c) War ein Urteil des Oberlandesgerichts Colmar am 11. November 1918 noch nicht rechtskräftig und ist es mit der Revision angefochten, so ist zu unterscheiden:

Ist bei Inkrafttreten des Friedensvertrages ein Urteil des Reichsgerichts noch nicht ergangen, so darf das Verfahren bei dem Reichsgericht nicht weiter verfolgt werden, sondern die Akten sind an das erstinstanzliche Gericht zurückzusenden und werden von diesem an den Kassationshof in Paris gesandt, der für die weitere Verhandlung zuständig ist.

Ist dagegen bei dem Inkrafttreten des Friedensvertrages, aber nach dem 11. November 1918 bereits ein Urteil des deutschen Reichsgerichts ergangen, so gilt dieses Urteil ohne weiteres als nichtig und soll für nichtig erklärt werden. Auch hier sind die Akten an das Landgericht zurückzusenden und von diesem an den Kassationshof abzugeben.

Auch diese Bestimmung ist für und gegen Deutsche wirksam. Da zwischen dem 11. November 1918 und dem Inkrafttreten des Friedensvertrages immerhin reichsgerichtliche Urteile ergangen sein können und ergehen können,[1]) auch aus solchen Urteilen vollstreckt sein kann, ist die Möglichkeit erheblicher Verwickelungen gegeben.

d) Die Frage, wie es im übrigen mit denjenigen Urteilen elsaß-lothringischer Gerichte steht, die erst nach dem 11. November 1918 rechtskräftig geworden sind, ist im Friedensvertrage nicht geregelt, sondern einem Sonderabkommen zwischen Deutschland und Frankreich vorbehalten.

4. Wenn ein deutsches Gericht während des Krieges (vgl. über den Begriff § 1) gegen einen Staatsangehörigen einer alliierten oder assoziierten Macht ein Urteil erlassen hat, ohne daß dieser Staatsangehörige sich verteidigen konnte, so ist er berechtigt, Schadensersatz zu verlangen, und zwar in erster Reihe, wo dies möglich ist, Zurückversetzung der Parteien in die Lage vor Erlaß des deutschen Urteils. Zuständig für die Entscheidung ist der gemischte Schiedsgerichtshof (§ 35). Es hängt von dem Ermessen des Schieds-

---

[1]) Wenn beispielsweise in dem in den Entscheidungen des Reichsgerichts 94, 223 behandelten Falle der Pariser Kassationshof, abweichend von dem Reichsgericht, den Anspruch für begründet hält, würde er dazu gelangen, das Deutsche Reich zur Zahlung an einen deutschen Beamten, der möglicherweise Altdeutscher, nicht Elsaß-Lothringer ist, zu verurteilen, und das Urteil wäre ohne weiteres vollstreckbar.

Da die gleiche Bestimmung auch in Strafsachen gilt, können Strafen vollstreckt sein, von denen dann das Urteil des französischen Gerichtshofes ausspricht, daß sie zu unrecht verhängt sind.

gerichtshofes ab, ob er die Zurückversetzung in die frühere Lage oder anderweit Schadensersatz zuerkennt.

Der Fall wird meist dann gegeben sein, wenn Versäumnisurteil gegen den Ausländer ergangen ist.

Der gleiche Schadensersatzanspruch und das gleiche Verfahren steht den Staatsangehörigen der alliierten und assoziierten Mächte zu, die durch richterliche Maßnahmen in den mit Krieg überzogenen oder besetzten Gebieten Nachteile erlitten haben und nicht schon anderweit entschädigt sind (vgl. hierzu § 10). Der Anspruch besteht also nicht nur gegenüber richterlichen Urteilen, sondern auch gegenüber anderen richterlichen Maßnahmen, insbesondere also Beschlüssen in Sachen der freiwilligen Gerichtsbarkeit und prozessualen Beschlüssen (Kostenfestsetzungsbeschlüsse).

5. Diese Bestimmung gilt auch in bezug auf die Maßnahmen der Zwangsvollstreckung.

Hier aber geht der Friedensvertrag noch weiter. Wenn während des Krieges Vollstreckungsmaßnahmen zum Nachteile eines Staatsangehörigen einer alliierten oder assoziierten Macht vorgenommen sind, und dieser Staatsangehörige sich nicht verteidigen konnte, so hat er den Rechtsbehelf zu 4. Aber selbst, wenn er sich hätte verteidigen können, er aber irgend eine Handlung versäumt oder eine Formvorschrift nicht gewahrt hat, also sei es auch durch seine Schuld, so kann er doch Einspruch erheben und es kann durch Wiederherstellung des durch die Vollstreckung beeinträchtigten Zustandes, oder wo dies nach der Lage des einzelnen Falles unmöglich oder unbillig ist, durch Zuerkennung einer Entschädigung Schadensersatz gewährt werden.

Bei Maßnahmen, die Deutschland in den mit Krieg überzogenen oder besetzten Gebieten vorgenommen hat, gilt auch hier die Einschränkung, daß die Entschädigung auf dem hier angegebenen Wege nur erfolgt, wenn nicht bereits anderweite Entschädigung erfolgt ist (§ 10).

Zuständig ist in diesem Falle das etwa nach dem allgemeinen Gesetz zuständige Gericht der alliierten oder assoziierten Macht und wenn ein solches nicht zuständig ist, der gemischte Schiedsgerichtshof.

Wird durch die Wiederherstellung des vor der Vollstreckungsmaßnahme bestehenden Zustandes ein Dritter geschädigt, so ist Deutschland verpflichtet, ihn schadlos zu halten. Wird dem geschädigten Staatsangehörigen der alliierten oder assoziierten Macht eine anderweite Entschädigung zuerkannt, so hat Deutschland sie zu leisten.

6. Schließlich enthält noch Art. 305 des Friedensvertrages eine Generalklausel, deren ganzer Umfang schwer zu übersehen ist.

Der Artikel findet auf die Vereinigten Staaten von Amerika und deren Staatsangehörige keine Anwendung (Art. 299 c).

Im übrigen aber bestimmt er, daß, wenn ein zuständiges Gericht in einer Angelegenheit, welche unter die Abschnitte über die Schulden (Prüfungs- und Ausgleichungsverfahren), die Güter, Rechte und Interessen (Zurückbehaltung und Liquidation), die Verträge, Verjährung und Urteile, über das gewerbliche Eigentum (vgl. unten § 29) fällt, also unter die Art. 296—303, 306—311 des Vertrages, ein Urteil gefällt hat oder fällt, das mit den Vorschriften dieser Abschnitte nicht im Einklange steht, die dadurch geschädigte Partei ein Recht auf Wiedergutmachung hat. Handelt es sich dabei um ein Urteil eines deutschen Gerichts, so kann diese Wiedergutmachung, sofern der geschädigte Staatsangehörige einer alliierten oder assoziierten Macht es verlangt, wiederum, sofern dies möglich ist, in der Wiederherstellung des früheren Zustandes bestehen. Zuständig ist der gemischte Schiedsgerichtshof.

Der erste Teil der Bestimmung gilt nicht nur zugunsten der Staatsangehörigen der alliierten und assoziierten Mächte, sondern auch zugunsten der deutschen Staatsangehörigen.

Die Bestimmung läuft darauf hinaus, daß der gemischte Schiedsgerichtshof eine Art Oberinstanz bildet zur Nachprüfung der Frage, ob ein Urteil eines einzelstaatlichen Gerichts die angeführten Bestimmungen des Friedensvertrages verletzt, und kann in weitem Maße zur Beseitigung der Rechtskraftwirkungen eines Urteils führen. Wenn also beispielsweise ein deutsches Gericht vor oder nach Inkrafttreten des Friedensvertrages (vgl. die Worte „gefällt hat oder fällt) einen Pariser Kaufmann rechtskräftig verurteilt, eine vor dem Kriege fällig gewordene Schuld an seinen Berliner Lieferanten zu zahlen und die Kosten des Prozesses zu tragen, obwohl Frankreich — ein Fall, der hier zunächst nur gesetzt wird — den Bestimmungen des Friedensvertrages über das Prüfungs- und Ausgleichungsverfahren beigetreten ist, so kann der Pariser Kaufmann bei dem gemischten Schiedsgerichtshof die Beseitigung des Urteils fordern, weil ein solches Urteil den Bestimmungen über das Prüfungs- und Ausgleichungsverfahren zuwider läuft (vgl. oben § 13). Wenn ein englisches Gericht einen Deutschen verurteilt, eine Sache herauszugeben, die dieser in gutem Glauben von dem Liquidator einer in Deutschland angesessenen englischen Unternehmung während des Krieges erworben hat, obwohl doch diese Maßnahme des Liquidators durch den Friedensvertrag legalisiert ist, so kann der Deutsche bei dem gemischten Schiedsgerichtshof Schadensersatzansprüche erheben. Wenn ein Franzose einen zu seinem deutschen Unternehmen gehörigen Gegenstand nach dem Friedensvertrage vor einem deutschen Gericht von einem während des Krieges eingesetzten Verwalter dieses Unternehmens herausfordert und das deutsche Gericht, in rechtsirrtümlicher Verkennung der Tatsache, daß mit dem Inkrafttreten des Friedensvertrages der Franzose den Genuß seines Vermögens wieder erlangt hat, die Klage abweist, weil er glaubt, der eingesetzte Zwangsverwalter sei noch bis zu einer förmlichen Aufhebung der Zwangsverwaltung zur Verwahrung berechtigt, so kann der abgewiesene Kläger bei dem gemischten Schiedsgerichtshof Wiedergutmachung, d. h. Zuerkennung seines Eigentums fordern und der Einwand der rechtskräftig entschiedenen Sache steht dem nicht entgegen.

Sechster Abschnitt.

Geistiges Eigentum.[1]

(Art. 306—311.)

§ 25.

Die Kriegsgesetzgebung in Deutschland und der Rechtszustand vor dem Kriege.

Unter der Überschrift gewerbliches Eigentum (propriété industrielle, industrial property) behandelt der Friedensvertrag nicht nur das gewerbliche Eigentum, sondern auch das literarische und künstlerische Urheberrecht.

a) Für Werke der Literatur und Kunst galt neben den einzelstaatlichen Gesetzen die revidierte Berner Übereinkunft vom 13. November 1908 (Reichsgesetzblatt 10 S. 965).[2] Ihr waren von den am Friedensvertrage beteiligten Mächten beigetreten Deutschland, Belgien, Frankreich, Groß-Britannien, Italien, Japan, Liberia, Portugal. Dabei hatten einzelne Staaten (Frankreich, Groß-Britannien, Japan, Italien) gewisse Vorbehalte gemacht. Die Übereinkunft sicherte im wesentlichen dem einem der Verbandsländer angehörigen Urheber die Gleichberechtigung in allen anderen Ländern.

Daneben bestanden noch zweiseitige, nicht allgemeine Verträge über literarisches und künstlerisches Urheberrecht mit den Vereinigten Staaten von Amerika vom 15. Januar 1892 (Reichsgesetzblatt S. 473), mit Italien vom 16. Oktober 1907 (Reichsgesetzblatt 1908 S. 405), mit Frankreich vom 8. April 1907 (Reichsgesetzblatt S. 419).[3]

---

[1] Katz, Die Friedensbedindungen über gewerbliches und geistiges Urheberrecht. Recht und Wirtschaft 19, 148.

[2] Vgl. dazu das Ausführungsgesetz vom 22. Mai 1910 und die Ausführungsverordnung vom 12. Juli 1910 (Reichsgesetzblatt S. 793 und 989).

[3] Das Abkommen mit Italien vom 9. November 1907 ist während des Krieges zum 23. April 1917 gekündigt worden (Reichsgesetzblatt 16, 363).

b) Auf dem gewerblichen Gebiete beherrschte das internationale Urheberrecht, das geistige Eigentum, der sog. Unionsvertrag, die Pariser Übereinkunft zum Schutze des gewerblichen Eigentums vom 20. März 1883 nebst der Brüsseler Zusatzakte vom 19. Dezember 1900 (Reichsgesetzblatt 1903 S. 147) und der Washingtoner Zusatzakte vom 2. Juni 1911 (Reichsgesetzblatt 13 S. 209). Dieser Vertrag gewährte ebenfalls den Angehörigen der Unionsstaaten in den übrigen Verbandsstaaten Gleichberechtigung mit den Angehörigen des anderen Staates. Er behandelte als geistiges Eigentum Erfindungen, Patente, Gebrauchsmuster, gewerbliche Muster und Modelle, Fabrik- oder Handelsmarken, Handelsnamen und verstand „gewerbliches Eigentum" im weitesten Sinne, umfassend jede Produktion auf dem Gebiete der Landwirtschaft und der Gewinnung der Bodenschätze (Mineralien, Mineralwässer usw.) (Schlußprotokoll zu Art. 1).

Der Unionsvertrag (§ 4) sicherte außerdem demjenigen, der in einem der vertragschließenden Staaten ein Gesuch um ein Patent, ein gewerbliches Muster oder Modell, eine Fabrik- oder Handelsmarke vorschriftsmäßig hinterlegt hatte, während bestimmter Fristen, der sog. Prioritätsfristen, in den anderen Staaten ein Prioritätsrecht. Der Union gehörten von den am Friedensschluß beteiligten Staaten an Deutschland, Belgien, Brasilien, Kuba, die Vereinigten Staaten von Amerika, Frankreich, Groß-Britannien, Italien, Japan, Portugal, Serbien.

Neben dem Unionsvertrage hatte Deutschland noch besondere Verträge mit Belgien über gewerbliche Muster und Modelle vom 12. Dezember 1883 (Reichsgesetzblatt 84 S. 188), mit Italien vom 18. Januar 1892, zum großen Teil aufgehoben durch das Abkommen vom 4. Juni 1902 (Reichsgesetzblatt 92 S. 293 und 1903 S. 178), mit Serbien vom 21. August 1892 (Reichsgesetzblatt 93 S. 317), mit den Vereinigten Staaten von Amerika vom 23. Februar 1909 (Reichsgesetzblatt 1909 S. 895), Guatemala und Ecuador für Warenzeichen (Bekanntmachungen vom 17. August 1899, Reichsgesetzblatt 1899 S. 543 und vom 27. März 1903, Reichsgesetzblatt S. 122).

c) Die deutsche Kriegsgesetzgebung auf dem Gebiete des geistigen Eigentums betraf nur das gewerbliche, nicht auch das literarische und künstlerische Eigentum und hatte eine dreifache Richtung:

Erstlich ermöglichte sie die Stundung der Gebühren und die Wiedereinsetzung in den vorigen Stand gegen Versäumung von Fristen (Verordnungen vom 10. September 1914, 31. März 1915, 13. April 1916, Reichsgesetzblatt S. 403, 212, 278).

Diese Bestimmungen wurden auch zugunsten von Ausländern für anwendbar erklärt, wenn in deren Staaten den deutschen Reichsangehörigen gleichartige Erleichterungen gewährt wurden, und dies war nach den entsprechenden deutschen Bekanntmachungen von folgenden alliierten und assoziierten Mächten: Italien, Vereinigte Staaten von Nordamerika, Belgien, Portugal, Brasilien, Griechenland geschehen.

Für die Vereinigten Staaten wurde durch Bekanntmachung vom 6. Mai 1917 (Reichsgesetzblatt S. 401) die Bekanntmachung, daß sie Gleichberechtigung gewährten, zwar aufgehoben, dann aber durch Verordnung vom 3. Januar 1918 (Reichsgesetzblatt S. 66) wiederhergestellt.

Sodann aber erfolgte durch die Kriegsgesetzgebung einc weitgehende Änderung des internationalen Rechts, indem die Prioritätsfristen des § 4 des Unionsvertrages durch die Verordnungen vom 7. Mai 1915 und 8. April 1916 (Reichsgesetzblatt S. 272 und 259) bis zum Ablauf von 6 Monaten von der Beendigung des Kriegszustandes an verlängert wurden. Auch diese Vorschrift war, gleiche Behandlung deutscher Staatsangehöriger im Auslande vorausgesetzt, zugunsten der Ausländer anwendbar und diese gleiche Behandlung sicherten zu Frankreich, Belgien, die Vereinigten Staaten von Amerika.[1])

Die Frage, ob der Unionsvertrag durch den Krieg auch als Bestandteil des bürgerlichen Rechts Deutschlands aufgehoben sei, wurde von dem Reichsgericht bereits durch Urteil vom 26. Oktober 1914 (Entscheidungen 85 S. 375) behandelt.[2])

Endlich ermächtigte die deutsche Verordnung vom 1. Juli 1915 den Reichskanzler, Patente, Gebrauchsmuster und Warenzeichenrechte, soweit sie Angehörigen Englands, Frankreichs und Rußlands zustanden, im öffentlichen Interesse zu beschränken und aufzuheben,

---

[1]) Für Amerika vgl. Bekanntmachung vom 5. Mai 1917 (Reichsgesetzblatt S. 401) und vom 3. Januar 1918 (Reichsgesetzblatt 18, 5).

[2]) Freilich nicht ohne weiteres verneint, wie Mintz, Kriegsgesetze über den gewerblichen Rechtsschutz S. 2 ff. annimmt. Vgl. dazu Rathenau in der Zeitschrift für Völkerrecht 9, 63.

insbesondere anderen Ausübungs- und Nutzungsrechte zu erteilen; die Verordnung bestimmte weiter, daß auf Anmeldung von Angehörigen dieser Staaten Patente nicht erteilt, Gebrauchsmuster oder Warenzeichen nicht eingetragen werden und erklärte, da Rußland erteilte Patente enteignet oder für erloschen erklärt hatte, Rußland gegenüber die Wirkung von Patenten russischer Staatsangehöriger für erloschen (Reichsgesetzblatt S. 414). Diese Bestimmungen, mit Ausnahme der gegen Rußland gerichteten, waren dann auch gegenüber Portugal (Verordnung vom 23. Januar 1916, Reichsgesetzblatt S. 575), Italien (Verordnung vom 29. Januar und 7. Mai 1917, Reichsgesetzblatt S. 29 und 403), den Vereinigten Staaten von Amerika (Verordnung vom 3. Januar 1918), mit einer gewissen Ausnahme Japan (Verordnung vom 25. Januar 1918, Reichsgesetzblatt S. 1) und Brasilien (Verordnung vom 25. Februar 1918, Reichsgesetzblatt S. 89) für anwendbar erklärt.

Die Rechtslage in den gegnerischen Staaten war eine sehr verschiedene, teilweise wurde auch die Suspension oder Aufhebung von Patenten feindlicher Staatsangehöriger gestattet.[1])

§ 26.

Die grundsätzliche Regelung des Friedensvertrages.

Grundsätzlich bestimmt nun der Friedensvertrag die Wiederherstellung des früheren Rechtszustandes zwischen den Staaten und für die Einzelnen.

a) Die Berner Übereinkunft für das literarische und künstlerische Eigentum, vervollständigt durch das im Deutschen Reichsgesetzblatt noch nicht veröffentlichte Berner Zusatzprotokoll vom 20. März 1914 und der Unionsvertrag erlangen von dem Inkrafttreten des Friedensvertrages an erneute Geltung und Wirksamkeit, selbstverständlich nur unter denjenigen vertragschließenden Mächten, die den früheren Verträgen überhaupt beigetreten sind (Art. 286 und 282 am Eingang). Vgl. oben Nr. 5.

Auch die Verträge, welche Deutschland mit einzelnen Staaten geschlossen hat (§ 25a und b) leben wieder auf, soweit ihre Be-

[1]) Vgl. Mintz S. 19ff.; Koch, Handelskrieg S. 26ff., 85, 112, 134, 157 und 166; Wirtschaftskrieg, Abteilung England S. 64ff. und 86ff., Abteilung Frankreich S. 286ff., Abteilung Japan S. 37ff., Moratorien usw., zusammengestellt von der Handelskammer zu Berlin, 5. Auflage.

stimmungen mit den Bestimmungen des Friedensvertrages im Einklang stehen. Darüber, ob und wieweit dies der Fall ist, entscheidet aber freilich einseitig der Gegenkontrahent Deutschlands; er hat binnen 6 Monaten nach dem Inkrafttreten des Friedensvertrages Deutschland mitzuteilen, ob und welche Bestimmungen der einzelnen Verträge er als im Einklang mit dem Friedensvertrage stehend wieder aufleben läßt (Art. 289).

b) Der Grundsatz der Wiederherstellung des vor dem Kriege geltenden Zustandes wird auch in bezug auf die subjektiven Rechte der einzelnen befolgt. Die geistigen Eigentumsrechte, welche bei Beginn des Krieges (vgl. über diesen Zeitpunkt § 1) bestanden, werden in den Gebieten der vertragschließenden Teile wiederhergestellt zugunsten der Personen, welche sie bei Beginn des Krieges hatten, oder ihrer Rechtsnachfolger.

Auch diejenigen Rechte, welche infolge eines Gesuches um Schutz des gewerblichen Eigentums oder der Veröffentlichung eines literarischen oder künstlerischen Werkes während des Krieges, wenn es nicht zum Kriege gekommen wäre, hätten erlangt werden können, werden anerkannt und begründet.

Nun sind doch aber die in Anwendung der Kriegsgesetzgebung endgültig getroffenen Maßnahmen, insbesondere die in Anwendung dieser Gesetzgebung vorgenommenen Eigentumsübertragungen, Liquidationen usw. nachträglich legalisiert worden (vgl. oben § 10 Vertrag Art. 297 und Anlage §§ 1 und 3). Die Folge davon ist, daß die in Verfolg dieser Anordnungen getroffenen Übereignungen von geistigem Eigentum gültig bleiben.

c) Darüber hinaus werden aber auch weiter für die während des Krieges vorgekommenen Verletzungen des literarischen oder künstlerischen Eigentums, auch soweit diese Verletzungen nicht in Anwendung der Kriegsgesetzgebung und der Kriegsmaßnahmen geschehen sind, ein allgemeiner Generalpardon gewährt.

Wenn in der Zeit zwischen der Kriegserklärung und dem Inkrafttreten des Friedensvertrages Verletzungen der während des Krieges geltenden oder der nach der Ausführung zu b wiederhergestellten Rechte vorgekommen sind, so können weder deutsche Staatsangehörige oder Personen, die in Deutschland wohnen oder ihr Gewerbe treiben, noch Staatsangehörige der alliierten und assoziierten Mächte, oder Personen, die dort wohnen oder ihr Gewerbe treiben, noch diejenigen, die während des Krieges Rechtsnachfolger einer dieser Gruppen geworden sind, daraus Ansprüche herleiten. Dies gilt aber nur, wenn die Verletzungen im Gebiete des anderen Teiles vorgekommen sind. Es ist also nicht daran gedacht, den Anspruch eines deutschen Urhebers gegen einen in Frankreich wohnenden Deutschen oder einen in Deutschland wohnenden Franzosen, soweit dieser Anspruch auf eine in Deutschland begangene Urheberrechtverletzung gestützt ist, auszuschließen.

Ebenso ist für die genannten Gruppen ein Anspruch ausgeschlossen, wenn in der Zeit zwischen der Kriegserklärung und der Unterzeichnung des Friedensvertrages Erzeugnisse oder Gegenstände hergestellt oder literarische oder künstlerische Werke veröffentlicht worden sind und Dritte, d. h. also nicht die Rechtsnachfolger des Urhebers solche Werke erworben, benutzt oder verwendet haben. Der Verkauf und das Feilbieten solcher Werke ist auch noch während eines Jahres nach der Unterzeichnung des Friedensvertrages im Gebiete der anderen Gruppen zulässig, ohne Ansprüche wegen Verletzung des Urheberrechts zu begründen.[1]) Auch hier handelt es sich wieder nur um Verletzungen des Rechts, die im Gebiete der anderen Gruppen vorgekommen sind.

Eine Ausnahme von dieser Bestimmung gilt aber zugunsten derjenigen Berechtigten, die ihren Wohnsitz oder ihre gewerbliche oder Handelsniederlassung in dem von Deutschland besetzten Gebiete hatten.

Wegen der Zeitpunkte der Unterzeichnung vgl. § 1.

Diese ganze Bestimmung ist aber unanwendbar im Verhältnis zwischen den Vereinigten Staaten von Amerika einerseits und Deutschland andererseits; im Verhältnis zwischen diesen Staaten wird also die Frage, ob Ansprüche aus solchen Verletzungen während des Krieges begründet sind, nicht nach dem Friedensvertrage, sondern nach dem sonst geltenden Recht, besonders also nach dem Vertrage von 1892 und dem einzelstaatlichen Recht zu beurteilen sein.

d) Wegen der Lizenzverträge vgl. § 30.

---

[1]) Der französische Text spricht hier, offenbar infolge eines Schreibfehlers, nicht vom literarischen und künstlerischen, sondern nur von dem künstlerischen Eigentum. Der englische Text spricht von beidem und augenscheinlich ist beides gemeint.

§ 27.

Sonderbestimmungen für das gewerbliche Eigentum.

Sowohl die einzelstaatlichen Gesetze wie auch die internationalen Verträge knüpfen in vielen Beziehungen den Erwerb und die Erhaltung der Schutzrechte sowie das Recht zum Widerspruch gegen Schutzansprüche anderer an die fristzeitige Vornahme bestimmter Handlungen, die fristzeitige Zahlung von Gebühren u. dgl.

Die Bestimmung der einzelstaatlichen Gesetze, daß Nachfrist für die Erfüllung oder Nachholung aller dieser Handlungen, die während des Krieges versäumt sind, und Wiedereinsetzung gegen die Versäumung der Fristen gegeben werde, wird durch den Friedensvertrag in weitem Umfange zum internationalen Recht gemacht.

1. Zunächst erfolgt eine Wiedereinsetzung gegen den Verlust gewerblicher Eigentumsrechte, die infolge der Nichtvornahme einer Handlung, der Nichterfüllung einer Förmlichkeit oder der Nichtzahlung einer Gebühr, verfallen sind. Sie treten mit dem Inkrafttreten des Friedensvertrages wieder in Kraft, aber mit einer doppelten Maßgabe zum Nachteile Deutschlands.

a) Wenn nämlich derartige Patente oder Muster, während sie verfallen waren, von Dritten verwertet oder benutzt wurden, bleibt jeder alliierten oder assoziierten Macht die Befugnis vorbehalten, die Anordnungen zu treffen, die sie zur Wahrung der Rechte dieser dritten Personen billigerweise für geboten hält. Es handelt sich dabei nicht um den Schutz gutgläubigen Erwerbes; für diesen Begriff ist hier kein Anhalt. Das Schutzrecht war verfallen und derjenige, der es ausnutzte, handelte also objektiv berechtigt. Er kann aber zu Schaden kommen, wenn jetzt nachträglich der Schutz wiederhergestellt wird, und dagegen kann er geschützt werden. „Billigerweise" können Anordnungen getroffen werden; für einen Rechtsstreit, für eine Entscheidung des gemischten Schiedsgerichtshofes ist dabei kein Raum. Der deutsche Schutzinhaber ist dem Ermessen der gegnerischen Macht schlechthin preisgegeben.

Dem Wortlaute nach kommt diese Bestimmung auch Deutschen zugute, welche ein während des Krieges verfallenes und nun wieder auflebendes Schutzrecht verwertet oder benutzt haben. Man kann aber bezweifeln, ob die alliierten und assoziierten Mächte auch zugunsten von Deutschen von ihrer Befugnis, für den Schutz des Dritten zu sorgen, Gebrauch machen werden.

b) Auch deutsche Patente und Muster leben wieder auf. Aber diese wiederauflebenden Patente und Muster unterliegen hinsichtlich der Lizenzbewilligung den einzelstaatlichen Vorschriften, die während des Krieges auf sie Anwendung fanden. Während des Krieges hatten die alliierten und assoziierten Mächte in weitem Umfange die Erteilung von Lizenzen auf deutsche Patente an eigene Staatsangehörige zugelassen.[1]) Die wiederauflebenden deutschen Patente werden also nach wie vor diesen ausnahmsweisen Maßnahmen unterworfen sein und die Möglichkeit der deutschen Schutzinhaber, ihre wieder auflebenden Patente auszunützen, wird dadurch stark beeinträchtigt.

Diese wieder auflebenden deutschen Patente sollen ferner, und zwar, soweit der Vertrag zu verstehen ist, hinsichtlich der Lizenzbewilligung auch allen anderen Bestimmungen des Friedensvertrages unterworfen sein. Solche Bestimmungen finden sich nur mit dem unten in § 29 zu 4 erwähnten Inhalt und sie sind in jedem Falle auf deutsche Patente und Muster anwendbar.

2. Zur Erhaltung und zum Erwerb von Schutzrechten, welche schon vor dem 1. August 1914 bestanden oder, wenn es nicht zum Kriege gekommen wäre, auf Grund eines vor dem Kriege oder während des Krieges angebrachten Gesuches hätten erworben werden können, wird eine Nachfrist von mindestens einem Jahre nach Inkrafttreten des Vertrages gewährt.

Soweit also die einzelstaatliche Gesetzgebung längere Fristen gewährt, gelten diese.

Innerhalb dieser Frist kann jede versäumte Handlung oder Zahlung oder Erfüllung einer von dem Recht des Einzelstaates geforderten Verpflichtung nachgeholt werden, ohne daß dadurch mehr Kosten entstehen.

Die gleiche Nachfrist wird auch für den Widerspruch gegen derartige Schutzrechte gewährt.

Diese Bestimmung des Vertrages entspricht im wesentlichen, abgesehen von der Dauer der Frist, den einzelstaatlichen Bestimmungen, welche alle diese Versäumnisse während des Krieges für unschädlich erklärten.

---

[1]) **Koch**, Handelskrieg und Wirtschafts-Expansion S. 27 ff., 85, 115, 166; **Mintz**, Kriegsgesetze über den gewerblichen Rechtsschutz S. 48, 60 ff., 133 ff., 161 ff., 221, 279, 299.

Eine Ausnahme wird nur für die Vereinigten Staaten von Amerika gemacht insofern, als kein Recht auf die Wiedereröffnung eines Interferenzverfahrens besteht, in dem die Schlußverhandlung stattgefunden hat.

3. Auf die Schutzfristen für Patente, Muster, Fabrik- und Handelsmarken wird die Zeit vom 1. August 1914 bis zum Inkrafttreten des Friedensvertrages nicht angerechnet; auch darf ein derartiges Schutzrecht, das am 1. August 1914 galt, wegen bloßer Nichtausübung oder bloßen Nichtgebrauches nicht vor Ablauf von 2 Jahren nach Inkrafttreten des Vertrages verfallen oder für ungültig erklärt werden. So jetzt auch Ausführungsgesetz vom 31. August 1919 § 16.

4. Die Prioritätsfristen (vgl. oben § 25) sowohl des Unionsvertrages wie aller anderer Verträge oder Gesetze für die Einreichung oder Eintragung der Gesuche um Verleihung von Patenten, um Schutz von Gebrauchsmustern, Fabrik- oder Handelsmarken, Muster und Modellen, soweit sie am 1. August 1914 noch nicht abgelaufen waren, dann aber auch diejenigen dieser Fristen, die während des Krieges begonnen haben oder, wenn es nicht zum Kriege gekommen wäre, hätten beginnen können, werden von jedem der am Friedensvertrage beteiligten Staaten zugunsten der Staatsangehörigen der anderen Mächte bis zum Ablauf einer Frist von 6 Monaten nach Inkrafttreten des Friedensvertrages verlängert.

Diejenigen aber, sowohl Staaten wie Einzelne, welche sich bei Inkrafttreten des Vertrages im gutgläubigen Besitz von Schutzrechten befinden, die mit den unter Beanspruchung der Priorität nachgesuchten Rechten im Widerspruch stehen, und deren Vertreter oder Lizenzinhaber, behalten ihre Rechte, Lizenzinhaber aber nur dann, wenn ihnen die Lizenz vor Inkrafttreten des Friedensvertrages eingeräumt ist. Diese Personen sind den Ansprüchen des durch die Priorität im übrigen Geschützten nicht unterworfen.

Die Bestimmung des Friedensvertrages kollidiert in eigentümlicher Weise mit den einzelstaatlichen Gesetzen über die Verlängerung der Prioritätsfristen. Die deutschen Verordnungen verlängerten die Fristen zugunsten der Deutschen und derjenigen Angehörigen ausländischer Staaten, deren Staaten die Prioritätsfristen auch zugunsten der deutschen Reichsangehörigen verlängert hatten (vgl. oben § 25) und die fremde Gesetzgebung verfuhr vielfach ähnlich [1]) oder machte die Verlängerung von dem Ermessen der Behörde im einzelnen Falle abhängig.[2]) Nach dem Friedensvertrage gewährt Fristverlängerung jeder Staat für die Staatsangehörigen der anderen vertragschließenden Mächte, aber nicht den eigenen Staatsangehörigen. Für die eigenen Staatsangehörigen gilt also die innerstaatliche Gesetzgebung, die aber, soweit Deutschland in Frage kommt, im wesentlichen den gleichen Inhalt hat. Denn die Verordnung vom 8. April 1916 (Reichsgesetzblatt S. 259) verlängert die Frist bis zum Ablauf von 6 Monaten nach der Beendigung des Kriegszustandes. Vgl. jetzt Ausführungsgesetz vom 31. August 1919 § 15.

Der Reichskanzler soll den Zeitpunkt bestimmen, mit dem der Kriegszustand als beendet anzusehen ist. Er wird voraussichtlich diese Bestimmung dahin treffen, daß für diese Verordnung der Kriegszustand mit demjenigen Tage als beendet anzusehen ist, mit welchem der Friedensvertrag in Kraft getreten ist. Vgl. jetzt Ausführungsgesetz § 27.

§ 28.

Das geistige Eigentum in den abgetretenen Gebieten.

(Art. 76, 311.)

Die Eigentümer der von Deutschland abgetretenen Gebiete behalten das geistige Eigentum, welches sie in Deutschland besaßen, nach wie vor, auch im deutschen Gebiete.

Der Staat, auf den die abzutretenden Gebiete übergehen (Frankreich, Polen, der tschecho-slowakische Staat) muß diese Rechte anerkennen und sie bleiben so lange bestehen, wie es nach deutschem Recht der Fall ist.

§ 29.

Sonderbestimmungen gegen Deutschland.

Von den allgemeinen Regeln der Wiederherstellung früherer Rechte macht aber der Vertrag eine Reihe von Ausnahmen zum Nachteile Deutschlands und seiner Staatsangehörigen.

Allgemeines.

1. Die alliierten und assoziierten Mächte haben während des Krieges auf Grund der Kriegsgesetzgebung deutsche Gesellschaften und

[1]) So z. B. Frankreich, Portugal.

[2]) So z. B. Großbritannien, Japan.

Unternehmungen in Feindesland liquidiert und haben sich das Recht gewahrt, das in ihrem Gebiete befindliche deutsche Eigentum zurückzubehalten und zu liquidieren (vgl. oben § 11). Urheberrechte, die zu solchen Gesellschaften und Unternehmungen gehören, bleiben diesen Liquidationsmaßnahmen weiter unterworfen und können daher nicht, wie es sonst nach den in § 27 erörterten Bestimmungen zulässig wäre, von dem Berechtigten ausgenützt werden.

Gesellschaften, die erst nach dem Inkrafttreten des Friedensvertrages entstehen, unterliegen aber dieser Maßnahme nicht.[1])

2. Eine besondere Bestimmung ist getroffen für den Fall, daß eine in einem alliierten oder assoziierten Staate gesetzlich zugelassene Gesellschaft unmittelbar vor Beginn des Krieges gemeinschaftlich mit einer von ihr abhängigen und in Deutschland gesetzlich zugelassenen Gesellschaft Verwertungsrechte mit Bezug auf Fabrik- oder Handelsmarken für andere Länder hatte oder gemeinsam mit ihr ausschließliche Herstellungsverfahren von Waren oder Verkaufsgegenständen für andere Länder hatte. Derartige gemeinsame Rechte sind der Zurückbehaltung und Liquidation, der sonst das deutsche Eigentum unterliegt, nicht unterworfen, sondern bleiben der Gesellschaft des alliierten und assoziierten Staates allein überlassen. Entgegenstehende Bestimmungen der deutschen Kriegsgesetzgebung werden aufgehoben (Anhang zu Art. 297/298 § 5).

Die fremde Gesellschaft ist aber verpflichtet, auf Erfordern der deutschen Gesellschaft diejenigen Modelle zu übergeben, welche der deutschen Gesellschaft die weitere Herstellung der Waren für den deutschen Verbrauch ermöglichen.

3. In Verallgemeinerung der in § 10 zu 6 erwähnten Bestimmung werden alle Ansprüche der deutschen Regierung oder deutscher Reichsangehöriger wegen einer Ausnutzung von literarischen oder künstlerischen Eigentumsrechten oder des Verkaufs, des Feilbietens und des Gebrauchs der dadurch geschützten Erzeugnisse ausgeschlossen, wenn diese Maßnahmen während des Krieges durch die Regierung oder für Rechnung oder mit Zustimmung der Regierung einer alliierten und assoziierten Macht erfolgt sind.

4. Auch alle anderen Anordnungen, die in bezug auf das geistige Eigentumsrecht der deutschen Reichsangehörigen auf Grund von Sondermaßnahmen einer gesetzgebenden oder verwaltenden

[1]) Ultimatum der Entente zu Art. 306 Nr. 2.

Stelle der alliierten und assoziierten Mächte während des Krieges getroffen worden sind, bleiben wirksam. Das deutsche Verlangen, in diesem Punkte Gegenseitigkeit zu gewähren, ist ausdrücklich abgelehnt worden.[1]) Es ist also augenscheinlich eine verschiedene Behandlung der deutschen und der gegnerischen Maßnahmen beabsichtigt. Die Bestimmung muß also etwas anderes bedeuten als die Legalisierung der oben in § 10 ² erwähnten Übertragungsmaßnahmen und soll augenscheinlich bedeuten, daß die Verordnungen, welche noch schweben (vgl. § 10¹) bestehen und wirksam bleiben, soweit sie sich gegen deutsches geistiges Eigentum richten.

Wenn für die demgemäß getroffenen Maßnahmen den Berechtigten Forderungen erwachsen sind auf Entschädigung oder Lizenzgebühren,[3]) so werden sie, wie andere Forderungen der deutschen Reichsangehörigen behandelt, d. h. sie werden dem Ausgleichs- und Prüfungsverfahren unterworfen, falls die beteiligte alliierte oder assoziierte Macht sich diesem Verfahren angeschlossen hat (vgl. oben § 13) und sie werden, wie alles andere deutsche Eigentum zurückbehalten und liquidiert (vgl. oben § 11). Jedoch gilt dies nur, wenn die Gesetzgebung des einzelnen alliierten oder assoziierten Staates, der dabei beteiligt ist, nicht etwas anderes bestimmt hat. Derartige anderweitige Bestimmung, also z. B. die Bestimmung, daß die beteiligte alliierte oder assoziierte Macht die geschuldeten Lizenzgebühren für sich selbst verrechnen muß, ist aber nur bindend, wenn sie bei Inkrafttreten des Friedensvertrages bereits besteht; spätere Bestimmungen stehen dem Friedensvertrage nicht entgegen.

4. Der Friedensvertrag geht aber noch weiter. Er wahrt den alliierten und assoziierten Mächten das Recht, das jetzige wie das künftige geistige Eigentum, welches deutsche Reichsangehörige nach der Gesetzgebung einer alliierten oder assoziierten Macht erworben haben, sei es vor dem Kriege oder während desselben, sei es nach dem Kriege, Beschränkungen zu unterwerfen, also inhaltlich zu mindern. Der Zweck dieser Bestimmungen ist auf der einen Seite die Wahrung der nationalen Verteidigung und des öffentlichen Interesses,[4]) auf

---

[1]) Ultimatum zu Art. 306 Nr. 3.

[2]) Anderer Meinung scheinbar Katz a. a. O. S 151.

[3]) Der Vertrag spricht hier (Art. 306 Abs. 4) von den in Abs. 1 des Artikels genannten Sondermaßnahmen. Das ist ein augenscheinlicher Irrtum; gemeint ist Abs. 2.

[4]) Vgl. für Patente das deutsche Patentgesetz § 5 Abs. 2.

der anderen Seite die Verwendung des geistigen Eigentums Deutschlands zur Wiedergutmachung und als Pfand für die Erfüllung der Pflichten Deutschlands aus dem Friedensvertrage.[1])

Zur Erreichung dieser Zwecke dürfen die alliierten und assoziierten Mächte die Rechte des geistigen Eigentums selbst ausüben, Lizenzen aufheben, die Ausübung kontrollieren oder sonstige Beschränkungen vornehmen.

Auf dasjenige geistige Eigentum, welches erst nach dem Inkrafttreten des Friedensvertrages erworben wird, darf eine solche Beschränkung oder Bedingung allerdings nur im Interesse der Landesverteidigung und des öffentlichen Wohles gelegt werden; indessen, da ein Gericht, das darüber befinden kann, nicht vorhanden ist, sind die deutschen Reichsangehörigen, welche geistiges Eigentum nach dem Rechte einer fremden, bisher feindlichen Macht erworben haben, der beliebigen Anwendung des Friedensvertrages preisgegeben.

Freilich sollen sie außerdem in angemessener Weise entschädigt werden; aber selbst wenn man annimmt, was nach dem Wortlaute des Vertrages zweifelhaft ist, daß über die Höhe dieser Entschädigungen vor dem gemischten Schiedsgerichtshof gestritten werden kann, so ist damit wenig geholfen. Denn auch diese Entschädigungen unterliegen dem Prüfungs- und Ausgleichungsverfahren (vgl. § 13) und können von den alliierten und assoziierten Mächten ebenso wie alles andere deutsche Eigentum zurückbehalten und liquidiert werden.

Auch eine Übertragung der Rechte an Dritte kann gegen die Anwendung dieser Vorschriften nicht schützen; denn jede Übertragung oder Teilübertragung, die seit dem 1. August 1914 erklärt ist oder noch erklärt werden wird, darf, sofern sie die Anwendung dieser Bestimmungen vereiteln könnte, von den alliierten und assoziierten Mächten als nichtig behandelt werden.

Auf Fabrik- und Handelsmarken findet jedoch diese Bestimmung keine Anwendung.

§ 30.

Lizenzverträge.

Lizenzverträge gehören nicht zu den Verträgen, welche von der allgemeinen Regel, daß Verträge zwischen Feinden als aufgelöst

---

[1]) Ultimatum zu Art. 306.

gelten, ausgenommen sind (vgl. oben § 18); sie gelten vielmehr von dem Zeitpunkte der Kriegserklärung an als aufgelöst. Diese Bestimmung trifft Lizenzverträge zwischen deutschen Reichsangehörigen einerseits und Staatsangehörigen der alliierten und assoziierten Mächte, aber darüber hinaus den im Gebiete der alliierten oder assoziierten Mächte wohnenden oder dort ihr Gewerbe treibenden Personen andererseits; sie trifft daher auch Verträge zwischen Deutschen und Neutralen, die im Feindeslande ihr Gewerbe treiben, ja selbst zwischen Deutschen, die dort ihr Gewerbe getrieben haben.

Die Bestimmung trifft alle Verträge, die vor dem Kriege geschlossen sind. Hier kommt es also nicht auf den Zeitpunkt an, wo die Parteien des Lizenzvertrages Feinde geworden sind (vgl. oben § 18), sondern auf den Zeitpunkt der Kriegserklärung. Insofern besteht eine Unstimmigkeit zwischen der die Lizenzverträge betreffenden Sonderbestimmung und der allgemeinen Bestimmung des Art. 299; die Sonderbestimmung wird der allgemeinen Bestimmung vorgehen müssen.

Die Auflösung der Lizenzverträge war auch erforderlich angesichts der Tatsache, daß vielfach die kriegführenden Staaten selbst auf fremde Urheberrechte Lizenzen während des Krieges erteilt hatten.

Soweit Deutschland solche Lizenzen während des Krieges erteilt hatte, sind sie, wie alle derartigen deutschen Kriegsmaßnahmen aufzuheben (Art. 297 a), soweit sie dagegen von den alliierten oder assoziierten Mächten herrühren, behalten sie ihre volle Gültigkeit und Wirksamkeit, und zwar selbst dann, wenn auch eine schon vor dem Kriege bestehende Lizenz weiter besteht. Die letztere verliert also, wenn sie etwa für ein bestimmtes Gebiet oder eine bestimmte Zeit als ausschließliche erteilt war, diese ihre Ausschließlichkeit. Ist die „Kriegslizenz„ derselben Person verliehen, die bereits auf Grund eines vor dem Kriege geschlossenen Lizenzvertrages lizenzberechtigt war, so tritt sie an Stelle der vertragsmäßigen Lizenz; es ist also auch die Gegenleistung nicht aus dem ursprünglichen Lizenzvertrage zu gewähren, sondern an ihrer Stelle diejenige Gegenleistung, welche etwa bei Gewährung der Kriegslizenz dem Lizenznehmer auferlegt worden ist. Soweit auf Grund eines solchen Vertrages Deutsche Forderungen erlangt haben, unterliegen diese Forderungen der Zurückbehaltung und Liquidation seitens der alliierten und assoziierten Mächte und ebenso wie die etwaigen Schulden der Deutschen dem Prüfungs- und Ausgleichungsverfahren (vgl. § 13).

In allen Fällen aber, in denen ein vor dem Kriege geschlossener Lizenzvertrag infolge der Kriegserklärung als aufgelöst gilt, kann der dadurch seines Rechts entkleidete Lizenznehmer binnen 6 Monaten vom Inkrafttreten des Friedensvertrages an die Einräumung einer neuen Lizenz von dem Inhaber der Rechte verlangen. Dabei ist es gleichgültig, ob dies der ursprüngliche Inhaber der Rechte, der den aufgelösten Lizenzvertrag geschlossen hat, ist, oder sein Rechtsnachfolger oder etwa derjenige, dem in Verfolg einer im Wege der Kriegsmaßnahmen erfolgten Liquidation oder Übertragung das Schutzrecht zugefallen ist. Die Bedingungen dieser neuen Lizenz werden, wenn sich die Beteiligten nicht einigen, festgesetzt bei Rechten, die unter deutscher Gesetzgebung erworben worden sind, von dem gemischten Schiedsgerichtshof (§ 35), in allen anderen Fällen von dem zuständigen Gericht desjenigen Landes, unter dessen Gesetzgebung die Rechte erworben worden sind. Das danach zuständige Gericht setzt alsdann den Betrag fest, der etwa für Ausnutzung der Rechte während des Krieges zu zahlen ist.

Der ganze Abschnitt über die Lizenzverträge gilt aber nicht zwischen den Vereinigten Staaten von Amerika und Deutschland; die zwischen Angehörigen dieser Staaten geschlossenen Lizenzverträge werden also nicht nach dem Friedensvertrage, sondern nach dem sonst für diese Verträge geltenden bürgerlichen Recht beurteilt.

§ 31.

Staatsverträge.

(Art. 282—295.)

Durch den Krieg werden die zwischen den kriegführenden Staaten bestehenden Verträge aufgehoben, soweit sie nicht ganz oder in einzelnen ihrer Bestimmungen gerade für den Fall des Krieges abgeschlossen worden sind (Liszt, Völkerrecht § 21). Der theoretische Streit, ob eine vollständige Aufhebung oder nur eine Suspension der Verträge eintritt, kann dahingestellt bleiben.

Die am Kriege beteiligten Staaten waren durch eine Fülle von Verträgen auch auf dem Gebiete des Privatrechts verbunden, wie dies der innigen wirtschaftlichen und rechtlichen Verbindung in der Zeit vor dem Kriege entsprochen hatte.

Der Friedensvertrag zählt diejenigen Verträge auf, welche mit dem Inkrafttreten des Friedensvertrages wieder Geltung erlangen sollen.

Er unterscheidet dabei Kollektivverträge, d. h. solche Verträge, bei denen mehr als zwei Parteien beteiligt sind, und zweiseitige Verträge.

1. Von den Kollektivverträgen, die für privatrechtliche Beziehungen von Bedeutung sind, treten wiederum in Kraft

a) das internationale Abkommen über den Verkehr mit Kraftfahrzeugen vom 11. Oktober 1909 (Reichsgesetzblatt 1910 S. 603).

Von den Parteien des jetzigen Friedensvertrages waren ihm beigetreten Deutschland, Belgien, Frankreich, Großbritannien, Griechenland, Italien, Portugal, Rumänien, Serbien.

b) Das Übereinkommen zur einheitlichen Feststellung von Regeln über die Hilfeleistung und Bergung in Seenot vom 23. September 1910 (Reichsgesetzblatt 13 S. 66).

Ihm waren von den Parteien des Friedensvertrages beigetreten Deutschland, Belgien, Brasilien, Kuba, die Vereinigten Staaten von Amerika, Frankreich, Großbritannien, Griechenland, Italien, Japan, Nicaragua, Portugal, Rumänien, Uruguay.

c) Das Abkommen zur Regelung der Vormundschaft über Minderjährige vom 12. Juni 1902 (Reichsgesetzblatt 1904 S. 240).

Beigetreten waren Deutschland, Belgien, Frankreich, Rumänien, Italien, Portugal.

Frankreich hatte das Abkommen schon vor dem Kriege am 12. November 1913 gekündigt (Reichsgesetzblatt 14 S. 9). Das Abkommen ist daher im Verhältnis zu Frankreich am 1. Juni 1919 abgelaufen und man wird annehmen müssen, daß es auch durch den Friedensvertrag im Verhältnis zu Frankreich nicht über diesen Zeitpunkt verlängert ist.

d) Die Verträge des Weltpostvereins vom 4. Juli 1891, 15. Juni 1897 und 26. Mai 1906 (Reichsgesetzblatt 92 S. 503, 98 S. 1080 und 1907 S. 593).

Dem Weltpostverein gehörten alle Parteien des Friedensvertrages an; nur Hedschas ist nicht unter den Teilnehmern genannt.

e) Das internationale Telegraphenübereinkommen vom 10./22. Juli 1875 und die Ausführungsbestimmungen und Tarife der internationalen Telegraphen-Konferenz zu Lissabon vom 11. Juni 1908.

Zu d und e hat sich Deutschland von vornherein verpflichtet, Sonderabreden mit neuen Staaten, die diesen Übereinkommen beigetreten sind oder beitreten werden, zu genehmigen.

f) Der internationale Funkentelegraphenvertrag vom 5. Juli 1912 (Reichsgesetzblatt 1913 S. 373).

Dem Vertrage waren beigetreten Deutschland, die Vereinigten Staaten von Amerika, Belgien, Frankreich, Großbritannien, Italien, Japan, Brasilien, Griechenland, Portugal, Rumänien, Uruguay.

Für dieses Abkommen haben sich die alliierten und assoziierten Mächte vorbehalten, weitere vorläufige Bestimmungen und im Laufe der nächsten 5 Jahre ein neues Übereinkommen an Stelle des alten zu schaffen und Deutschland hat sich diesen neuen Schöpfungen im voraus unterworfen.

h/i) Der Unionsvertrag betreffend gewerbliches Eigentum und das Berner Übereinkommen zum Schutze von Werken der Literatur und Kunst (vgl. hierüber § 25).

k) Das Haager Abkommen über den Zivilprozeß vom 17. Juli 1905 (Reichsgesetzblatt 1909 S. 409), betreffend Mitteilung gerichtlicher und außergerichtlicher Urkunden, Ersuchungsschreiben, Sicherheitsleistung für die Prozeßkosten, Armenrecht und persönliche Haft.

Dem Abkommen waren von den kriegführenden Staaten Deutschland, Belgien, Frankreich, Italien, Portugal und Rumänien beigetreten. Nach der ausdrücklichen Bestimmung des Friedensvertrages bleibt es gegenüber Frankreich, Portugal und Rumänien jetzt und fernerhin ohne Wirksamkeit.

Nach dem Abkommen vom 17. Juli 1905 sind die Angehörigen eines der diesem Abkommen beigetretenen Staaten, die in einem dieser Staaten ihren Wohnsitz haben und vor den Gerichten eines anderen dieser Staaten als Kläger auftreten, von der Pflicht zur Bestellung einer Ausländer-Kaution frei. Soweit die Kontrahenten des Friedensvertrages dem Abkommen vom 17. Juli 1905 nicht oder nicht mehr unterworfen sind, können sie sich auf diese Bestimmung nicht berufen und würden also der Sicherheitsleistungspflicht des § 110 Zivilprozeßordnung unterliegen.

Nach Art. 277 des Friedensvertrages sollen aber die Angehörigen der alliierten und assoziierten Mächte auf deutschem Gebiete freien Zutritt zu den Gerichten haben und es fragt sich, ob daraus die Befreiung von der Sicherheitsleistungspflicht folgt.[1]) Die Frage wird zu verneinen sein. Die Bestimmungen der Handelsverträge über den freien Zutritt zu den Gerichten enthalten der Regel nach den Zusatz, daß der Ausländer dem Inländer gleichberechtigt sein soll. Dieser Zusatz fehlt hier im Friedensvertrage, und die Tatsache, daß die Kriegsgesetzgebung, ganz abgesehen von der Frage der Sicherheitsleistung, dem Ausländer in weiterem Umfange die Möglichkeit zu klagen, den Zutritt zu den Gerichten versagte, gibt Veranlassung, die jetzige Vorschrift des Friedensvertrages nur dahin auszulegen, daß die Angehörigen der alliierten und assoziierten Mächte zwar klagen können, aber immerhin unter den für die Ausländer gegebenen Bedingungen, sofern sie nur dadurch nicht an der Verfolgung ihrer Ansprüche behindert werden.

1) Die Berner Übereinkommen über den internationalen Eisenbahnfrachtverkehr vom 14. Oktober 1890 (Reichsgesetzblatt 92 S. 793), 16. Juli 1895 (ebenda 95 S. 465), vom 16. Juni 1898 (ebenda 1901 S. 295) und 19. September 1906 (ebenda 1908 S. 515), vgl. Art. 366.

Diesem Abkommen sind von den kriegführenden Mächten beigetreten Deutschland, Belgien, Frankreich, Italien.

Deutschland hat sich verpflichtet, ein etwaiges neues Abkommen das dieses Abkommen binnen 5 Jahren ersetzen soll, als verbindlich anzuerkennen.

2. Was die zweiseitigen Verträge zwischen Deutschland und einer der alliierten oder assoziierten Mächte angeht, so gilt für alle diese Verträge der in § 25 a gelegentlich der Erörterung der Verträge über das geistige Eigentum angeführte Grundsatz.

3. Konzessionen, Vorrechte und Begünstigungen irgendwelcher Art, welche seit dem 1. August 1914 eine der alliierten oder assoziierten Mächte oder Rußland oder ein Staat oder eine Regierung, deren Gebiet früher einen Teil Rußlands bildete, infolge einer militärischen Besetzung oder mit anderen Mitteln oder aus anderen Gründen Deutschland oder einem deutschen Reichsangehörigen zu gewähren genötigt waren, werden durch den Abschluß des Friedensvertrages hinfällig. Der Staat, der die Rechte eingeräumt hat, hat keinen Schadensersatz zu leisten.

---

[1]) Vgl. Reichsgericht 51, 1; Kann-Förster, Zivilprozeßordnung § 110 Anm. 2 Nr. 5.

4. Die zu 1 und 2 erwähnten Verträge waren auch teilweise mit Rußland und Österreich geschlossen. Der polnische Staat, der tschecho-slowakische Staat und der serbisch-kroatisch-slowenische Staat als solche haben aber diese Verträge nicht abgeschlossen; es sind neu entstehende Staaten, deren Gebiet aus dem Staatsgebiete verschiedener Staaten, teilweise auch Deutschlands, zusammengesetzt ist. Sie gelten also nicht etwa als Rechtsnachfolger von Rußland, Österreich und Deutschland. Ihnen gegenüber werden die zu 1 und 2 erwähnten Verträge, auch soweit sie wieder in Kraft gesetzt werden, nicht wirksam.

Daß dies die Absicht des Friedensvertrages ist, ergibt sich einmal daraus, daß die Wiederherstellung der Verträge immer nur ausgesprochen wird für die Mächte, die am Vertragsschlusse beteiligt sind oder von den Verträgen betroffen werden, sodann auch aus der ausdrücklichen Bestimmung, daß alle mit Rußland oder irgend einem Staate oder einer Regierung, deren Gebiet früher einen Teil Rußlands bildete, vor dem 1. August 1914 geschlossenen Verträge aufgehoben werden. Die letztere Bestimmung wäre sinnwidrig, wenn beispielsweise Polen als Rechtsnachfolger von Rußland gelten würde.

Dieser Auffassung entspricht auch die Bestimmung des Vertrages (Art. 117), welche Deutschland verpflichtet, alle Verträge anzuerkennen, die von den alliierten und assoziierten Mächten mit den Staaten abgeschlossen werden, die sich auf dem gesamten Gebiete des früheren russischen Reiches gebildet haben oder bilden werden. Diese Bestimmung umfaßt, wenngleich sie nicht in dem Abschnitt über Polen, sondern in dem über Rußland und russische Staaten steht, dem klaren Wortlaute nach auch Polen.

Siebenter Abschnitt.

Enteignung und Anforderung von Leistungen.

---

§ 32.

Enteignungspflichten des Reiches.

Der Friedensvertrag gewährt den alliierten und assoziierten Mächten in weitem Umfange Ansprüche teils auf Aushändigung bestimmter Gegenstände, teils auf Leistungen seitens Deutschlands, die die deutsche Regierung nicht ohne Inanspruchnahme der deutschen Staatsangehörigen zu gewähren vermag, teils endlich auf Unterlassungen.

1. In ersterer Beziehung ist bereits (§ 10 Nr. 3 b) angeführt, daß die deutschen Kriegsmaßnahmen in den besetzten Gebieten von der nachträglichen Legalisierung ausgenommen sind. Daraus ergibt sich die Pflicht Deutschlands, die in diesen besetzten Gebieten auf Grund von Kriegsmaßnahmen weggenommenen Gegenstände in Natur zurückzugewähren.

Demgemäß hat bereits die deutsche Verordnung vom 1. Februar 1919 (Reichsgesetzblatt S. 143) das Reichsverwertungsamt ermächtigt, das Eigentum an industriellen oder landwirtschaftlichen Betriebseinrichtungen irgendwelcher Art, insbesondere Maschinen, Kessel usw., die in Belgien oder Frankreich beschlagnahmt und nach Deutschland überführt worden sind, gegen einen angemessenen Übernahmepreis einer von dem Amte zu bezeichnenden Person zu übertragen. Im Verhältnis zu den dinglichen Belastungen gilt dabei der Übernahmepreis als Surrogat eines enteigneten Grundstücksbestandteiles (Verordnung vom 11. April 1918, Reichsgesetzblatt S. 183).

In Erweiterung dieser Verordnung sind dann durch Verordnung vom 28. März 1919 (Reichsgesetzblatt S. 349) alle Maschinen, Maschinenteile, Betriebsgeräte, Zubehörteile jeder Art, sowie allgemeine industrielle oder landwirtschaftliche Gegenstände jeder Art, die aus den von deutschen Truppen besetzt gewesenen Gebieten Belgiens oder Frankreichs von deutschen militärischen oder Zivilbehörden oder von einzelnen deutschen Privatpersonen aus irgend einem Grunde entfernt worden sind, beschlagnahmt und es ist die Enteignung dieser Gegenstände gegen einen angemessenen Übernahmepreis zugelassen worden.[1])

Ebenso werden die in § 10 Nr. 6 erwähnten Bestimmungen das Deutsche Reich zu Enteignungen in weitem Umfange zwingen; dasselbe gilt von der Pflicht (§ 12), Aktien, Schuldverschreibungen usw. der Gesellschaften der gegnerischen Mächte auszuantworten.

Weitere Enteignungspflichten werden sich für das Deutsche Reich ferner dadurch ergeben, daß es den Elsaß-Lothringern, natürlichen wie juristischen Personen, ihr gesamtes Eigentum biens, droits et intérêts (vgl. § 8), das ihnen am 11. November 1918 dem Tage des Waffenstillstandes auf deutschem Gebiete zustand, wieder verschaffen muß (Art. 60).

Hierhin gehört weiter die Pflicht des Deutschen Reiches

die Aktien, die den Anteil Deutschlands am Kapital der marokkanischen Staatsbank darstellen, einer von der französischen Regierung bestimmten Persönlichkeit zu übertragen unter Entschädigung der eigenen Reichsangehörigen (Art. 145),

Japan die deutschen Rechte an der Eisenbahn Tsingtau-Tsinanfu nebst Zubehör zu verschaffen (Art. 156 und Protokoll vom 28. Juni 1919 zu 2),

Werkzeuge und Maschinen für die Anfertigung von Kriegsgerät auszuliefern (Art. 169),

die weggeführten, beschlagnahmten oder sequestrierten Tiere, Gegenstände aller Art und Wertpapiere zurückzuliefern, falls es möglich ist, sie auf dem Gebiete Deutschlands oder seiner Verbündeten (also auch Österreichs, Ungarns, ja sogar des jetzigen tschecho-slowakischen Staates!) festzustellen (Art. 238 und für die Flußschiffe Anlage 3 zu § 6),

den Gegnern das Eigentum an allen den Reichsangehörigen gehörenden Handelsschiffen von 1600 Brutto-Tonnen und darüber, ferner die Hälfte des Tonnengehalts der Schiffe, deren Brutto-Tonnengehalt zwischen 1000 und 1600 Tonnen beträgt und je $^1/_4$ des Tonnengehalts der Fischdampfer und anderen Fischerzeuge binnen

---

[1]) Über den Fall der Beschaffung von Ersatzgegenständen vgl. Verordnung vom 5. Mai 1919, Reichsgesetzblatt 449.

2 Monaten nach Inkrafttreten des Vertrages zu übertragen, und zwar frei von allen Lasten (Anlage 3 § 5 zu Art. 238), einen Teil des Flußfahrparkes (ebenda § 6) und der Schlepper und Boote in dem internationalisierten Flußgebiet (Art. 339 und 357) an Gegner abzutreten,

ferner gehört hierher die Pflicht, auf alle Rechte an den im Vertrage (ebenda Anlage 7) aufgeführten Kabeln, auch soweit sie nicht dem Reiche selbst gehören, zugunsten der alliierten und assoziierten Hauptmächte zu verzichten, die Pflicht, alle Geldsummen auszuantworten, die dem Reiche oder seinen Angehörigen aus Anlaß der von ihnen der österreichisch-ungarischen Regierung gewährten Vorschüsse als Pfand oder sonstige Sicherheit überwiesen wurden (Art. 259 Nr. 5),

die Pflicht, alle Rechte oder Beteiligungen deutscher Reichsangehöriger an allen öffentlichen Unternehmungen oder Konzessionen in Rußland, China, Österreich, Ungarn, Bulgarien, der Türkei, den Besitzungen und zugehörigen Gebieten dieser Staaten oder an Gebieten, die früher Deutschland oder seinen Verbündeten gehört haben und durch den Vertrag abgetreten werden oder in die Verwaltung eines Mandatars treten, falls der Wiedergutmachungsausschuß dies verlangt, zu erwerben und auf Erfordern dem Ausschuß zu übertragen, seine eigenen Angehörigen zu entschädigen, und über die in Betracht kommenden Rechte und Beteiligungen Auskunft zu erteilen (Art. 260),

die Pflicht, Einrichtungen, Lagerhäuser usw., welche deutsche Reichsangehörige oder deutsche Gesellschaften im Hafen von Rotterdam am 1. August 1914 besaßen oder Anteile daran an Frankreich abzutreten, falls dies durch ein vorgesehenes Schiedsgericht bestimmt wird (Art. 357).

Zur Erfüllung aller dieser Verpflichtungen ermächtigt das deutsche Gesetz vom 31. August 1919 die Reichsregierung, Gegenstände, welche auf Grund des Friedensvertrages oder ergänzender Abkommen den alliierten und assoziierten Regierungen oder einer von ihnen oder einem Angehörigen zu übertragen sind, für das Reich zu enteignen. Die Enteignung erfolgt ohne besonderes Verfahren durch Bescheid an den Eigentümer oder öffentliche Bekanntmachung; mit der Zustellung des Bescheides oder der Bekanntmachung geht das Eigentum auf das Reich über und es erlöschen die Rechte Dritter an dem enteigneten Gegenstand.

Die Besitzer der enteigneten Gegenstände, die Inhaber von Urkunden über dieselben, wie überhaupt jedermann hat eine weitgehende Auskunftspflicht.

Die Enteignungsbehörden dürfen auch Gegenstände schon vor der Enteignung beschlagnahmen.

Die Enteignung erfolgt gegen angemessene Entschädigung, für die ein Sondergesetz oder die Minister Richtlinien aufstellen. Die Entschädigung wird von der Enteignungsbehörde festgesetzt; gegen deren Entscheidung ist die Anrufung des Reichswirtschaftsgerichts zulässig. Der Rechtsweg ist ausgeschlossen.

In Anrechnung auf die Entschädigung kann im Falle dringender Notwendigkeit ein Vorschuß bewilligt werden.

Entsprechende Bestimmungen gelten, wenn die Entziehung oder Beeinträchtigung von Gegenständen zugunsten einer der oben erwähnten Stellen in dem Friedensvertrage selbst ausgesprochen ist oder auf Grund desselben durch die alliierten oder assoziierten Regierungen oder eine derselben erfolgt.

§ 33.

Das Saarbecken.

(Art. 45 ff. mit Anlagen.)

Zu weitgehenden Enteignungen zwingt der Friedensvertrag die Reichsregierung auch in bezug auf die Bergwerke des Saarbeckens.

Durch den Friedensvertrag tritt Deutschland das volle und unbeschränkte, völlig schulden- und lastenfreie Eigentum an den Kohlengruben im Saarbecken mit dem ausschließlichen Ausbeutungsrecht an Frankreich ab. Mit dem Inkrafttreten des Friedensvertrages erlangt Frankreich das unbeschränkte Eigentum an diesen Kohlenfeldern; es ist berechtigt, aber nicht verpflichtet, sie auszubeuten, kann auch das Ausbeutungsrecht Dritten abtreten, ohne daß es der Beleihung oder sonstiger Förmlichkeiten bedarf; es kann aber zur Sicherung seiner Rechte die Anwendung der deutschen Berggesetze verlangen.

Das Eigentum Frankreichs erstreckt sich auf verliehene oder nicht verliehene Felder, gleichviel an wen etwa die Verleihung erfolgt ist, und ohne Rücksicht darauf, ob nach dem Gesetz das Recht an der Kohle von dem Eigentum am Grund und Boden getrennt ist.

Bei den bereits erschlossenen Gruben erstreckt sich der Eigentumserwerb Frankreichs auch auf das gesamte Zubehör im weitesten Sinne, auf alle Nebenanlagen, selbst auf die Beamten-Wohnhäuser, Schulen und Krankenhäuser für die Beamten. Auch die Außenstände für Kohlenlieferungen, welche in der Zeit zwischen der Unterzeichnung [1]) des Friedensvertrages und der Besitzergreifung durch den französischen Staat erfolgt sind, gehen auf den französischen Staat über.

Der von der Wiedergutmachungskommission (vgl. § 35) bestimmte Wert des so an Frankreich übergegangenen Eigentums wird Deutschland auf seine Kriegsschuld gutgebracht; es ist aber Sache des Deutschen Reiches, die sämtlichen Eigentümer und sonstigen Beteiligten zu entschädigen.

§ 34.

Pflichten des Reiches zur Anforderung von Leistungen.

Neben der Pflicht Deutschlands, das Eigentum bestimmter Gegenstände den gegnerischen Mächten zu übereignen, steht die weitere Pflicht zu Sachleistungen oder Handlungen, der das Reich nicht genügen kann, ohne den Reichsangehörigen Naturalleistungen (Gegenstände oder Handlungen) aufzuerlegen.

Hierhin gehört die Pflicht, während 10 Jahren nach Inkrafttreten des Vertrages Elsaß-Lothringen aus denjenigen Elektrizitätswerken, die es bisher versorgten, weiter zu versorgen (Art. 69),

die Pflicht, dem Wiedergutmachungsausschuß alle Auskünfte über Finanzlage und Finanzgeschäfte, Güter, Produktionskraft, Vorräte und laufende Erzeugung von Rohstoffen und gewerblichen Erzeugnissen Deutschlands und seiner Reichsangehörigen zu liefern (Art. 240),

die Pflicht, für Rechnung der alliierten und assoziierten Mächte auf den deutschen Werften Handelsschiffe bauen zu lassen (Anlage 3 zu Art. 231 ff. § 5),

die Pflicht zur Ergreifung von Maßregeln zur Erlangung des Eigentums an den Schiffen, die unter neutrale Flagge gestellt worden sind (ebenda § 7),

die Pflicht, den alliierten und assoziierten Mächten Vieh, Maschinen, Maschinenteile, Baumaterialien, Möbel usw. zu liefern (Anlage 4 zu Art. 231 ff.),

---

[1]) Vgl. über die Bedeutung dieses Zeitpunktes § 1.

die Pflicht, diesen Mächten Kohlen und Nebenprodukte, Farbstoffe, Chemikalien (ebenda Anlage 5 und 6) zu liefern.

Endlich zwingt der Vertrag Deutschland zu Unterlassungen, vermöge deren es seinen Gewerbetreibenden Einschränkungen ihres Betriebes auferlegen muß.

So sind die alliierten und assoziierten Hauptmächte befugt (Art. 168), die Zahl der Waffenfabriken zu beschränken und die nicht zugelassenen Fabriken müssen geschlossen werden. Hierfür werden die Berechtigten Entschädigung seitens des Reiches fordern können; soweit der Friedensvertrag lediglich die Anfertigung bestimmter Gegenstände (Waffen, giftige Gase u. dgl., Tanks) verbietet (Art. 170, 171, 183, 201), wird eine Entschädigung nicht beansprucht werden können. Wie weit sie aus Billigkeitsgründen gewährt wird, ist eine andere Frage.

Für alle diese Fälle trifft Vorsorge das Ausführungsgesetz zum Friedensvertrage vom 31. August 1919, welches die Regierung ermächtigt, Leistungen landwirtschaftlicher und forstwirtschaftlicher, gewerblicher und kaufmännischer Betriebe, insbesondere Lieferungen und Dienstleistungen anzufordern, die zur Ausführung des Friedensvertrages oder ergänzender Abkommen erforderlich sind.

Achter Abschnitt.

---

§ 35.

Gemischter Schiedsgerichtshof und Wiedergutmachungsausschuß.

(Art. 304, 233 ff.)

1. a) Der gemischte Schiedsgerichtshof ist zuständig für die Streitfragen, die ihm bei dem Schulden-Prüfungs- und Ausgleichungsverfahren (§§ 13 ff.) im Verfahren über das Eigentum im anderen Staatsgebiete (§§ 7 ff.) über Verträge, Urteile und Verjährung (§§ 16 ff.) und über das gewerbliche und geistige Eigentum (§ 26) überwiesen sind. Ganz allgemein sind ihm ferner alle Streitfragen bezüglich der vor Inkrafttreten des Friedensvertrages geschlossenen Verträge zwischen deutschen Reichsangehörigen einerseits, den Staatsangehörigen der alliierten und assoziierten Mächte andererseits überwiesen, soweit diese letzteren Streitfragen nicht nach den Gesetzen dieser letzteren Mächte oder der neutralen Mächte vor die Gerichte dieser Mächte gehören. Aber auch in letzterem Falle darf ein Beteiligter, wenn er ein Angehöriger einer alliierten oder assoziierten Macht ist, den Streit vor den gemischten Schiedsgerichtshof bringen, sofern nicht das Gesetz seiner Macht dies verbietet.

Daraus ergibt sich, daß beispielsweise ein Franzose sich der Zuständigkeit eines nach dem den Vertrag beherrschenden französischen oder niederländischen Recht zuständigen deutschen oder niederländischen Gerichts sich durch Anrufung des gemischten Schiedsgerichtshofes entziehen kann, sofern nicht etwa eine ausschließliche Zuständigkeit begründet ist.

b) Der Schiedsgerichtshof wird zwar im Vertrage dauernd als „der gemischte Schiedsgerichtshof" bezeichnet; tatsächlich handelt es sich aber nicht um einen einzigen Gerichtshof, sondern zwischen jeder einzelnen alliierten und assoziierten Macht wird ein besonderer Gerichtshof geschaffen, bestehend aus je drei Mitgliedern. Jede der beteiligten Mächte wählt ein Mitglied; die Mächte sollen sich über den Präsidenten einigen. Erfolgt eine solche Einigung nicht, so ernennt den Vorsitzenden der Rat des Völkerbundes und bis zur Errichtung des Völkerbundes der Präsident der Schweizer Eidgenossenschaft Gustav Ador, falls er, wie der Vertrag sagt, dazu bereit ist. Was geschehen soll, wenn er dazu nicht bereit ist, sagt der Friedensvertrag nicht. Es ist anzunehmen, daß sich der Schweizer Bundespräsident bereit erklärt hat, die Vorsitzenden zu ernennen. Nach dem Wortlaut des Friedensvertrages müssen 27 Schiedsgerichtshöfe geschaffen werden. Ob freilich für alle Raum zu einer Tätigkeit vorhanden sein wird, bleibt abzuwarten.

Der Gerichtshof entscheidet nach Stimmenmehrheit; er ist frei in der Ordnung seines Verfahrens. Die Parteien und ihre Anwälte sind befugt, mündlich und schriftlich ihre Ausführungen dem Gericht vorzutragen, das über alle ihm unterbreiteten Fragen entscheidet.

Deutschland hat sich verpflichtet, dem Gerichtshof jedes zur Durchführung seiner Untersuchungen erforderliche Entgegenkommen zu erweisen und alle Unterlagen zu liefern, und alle Parteien des Friedensvertrages sind verpflichtet, die Entscheidungen als endgültig anzuerkennen und ihnen verbindliche Kraft für ihre Staatsangehörigen zu verleihen.

In dieser Richtung wird die deutsche Gesetzgebung ebenfalls Bestimmungen treffen müssen (vgl. § 24).

2. Der Wiedergutmachungsausschuß (commission de reparations, Art. 233 mit Anlage) hat im wesentlichen den Zweck, die Schäden, die Deutschland nach dem Friedensvertrage wieder gut zu machen hat, festzusetzen. Er hat nur vereinzelte Befugnisse auf dem privatrechtlichen Gebiete (§ 24).

Der Ausschuß besteht aus Delegierten, von denen jede der 5 Hauptalliierten und assoziierten Mächte, Belgien und der serbisch-kroatisch-slowenische Staat je einen ernennt, von denen aber stets nur 5 an den Beratungen und Abstimmungen teilnehmen. Die übrigen alliierten und assoziierten Staaten entsenden ein jeder für seine Angelegenheiten einen Beisitzer mit beratender Stimme (Anlage 2 zu Art. 231 ff.).

Privatrechtliche Bedeutung hat die Bestimmung, daß das Pfandrecht, welches der Vertrag (Art. 248) an dem Gesamtbesitz des Deutschen Reiches und der deutschen Staaten für die Wiedergutmachungs-Forderung an Deutschland begründet, ältere Pfandrechte, die vor Eintritt des Kriegszustandes für die alliierten und assoziierten Mächte oder deren Staatsangehörigen begründet sind, nicht berührt. Aus dieser Bestimmung darf aber nicht etwa gefolgert werden, daß solche Pfandrechte, wenn sie zugunsten deutscher Reichsangehöriger bestellt sind, hinter dem allgemeinen Pfande der gegnerischen Mächte zurücktreten müssen. Davon ist keine Rede; denn das Privateigentum der deutschen Reichsangehörigen, soweit es nicht im feindlichen Auslande befindlich und deshalb der Liquitation unterworfen ist (§§ 7 ff.), bildet keinen Pfand für die Ansprüche der alliierten und assoziierten Mächte. Die Bestimmung des Art. 248 enthält einen selbstverständlichen, aber nicht erschöpfenden Vorbehalt.

Wortverzeichnis.

(Die Zahlen verweisen auf die Seiten.)

Druck von Fr. Stollberg, Merseburg.

FSC
www.fsc.org
MIX
Papier | Fördert
gute Waldnutzung
FSC® C083411

Kolibri 360 GmbH
Ferdinand-Jühlke-Straße 7
99095 Erfurt, Deutschland
produktsicherheit@kolibri360.de